U0592590

职业教育通识课教育精品系列教材

"互联网+"新形态一体化精品教材

职校生
劳动教育教程

主编◎韩春卉　侯银海　曹飞颖

中国出版集团　全国百佳图书

中国民主法制出版社　出版单位

图书在版编目（CIP）数据

职校生劳动教育教程 / 韩春卉，侯银海，曹飞颖主编 . —北京：
中国民主法制出版社，2021.4（2022.1 重印）
　　ISBN 978-7-5162-2479-3

　　Ⅰ . ①职… 　Ⅱ . ①韩… ②侯… ③曹… 　Ⅲ . ①劳动教
育 – 技工学校 – 教材 　Ⅳ . ① G40-015

　　中国版本图书馆 CIP 数据核字（2021）第 020964 号

图书出品人：刘海涛
出 版 统 筹：石　松
责 任 编 辑：张佳彬　刘险涛

书　　　名 / 职校生劳动教育教程
作　　　者 / 韩春卉　侯银海　曹飞颖　主编

出版 · 发行 / 中国民主法制出版社
地址 / 北京市丰台区右安门外玉林里 7 号（100069）
电话 /（010）63055259（总编室）　63058068　63057714（营销中心）
传真 /（010）63055259
http：// www.npcpub.com
E-mail：mzfz@npcpub.com
经销 / 新华书店
开本 / 16 开　787 毫米 × 1092 毫米
印张 / 13　字数 / 266 千字
版本 / 2021 年 4 月第 1 版　2022 年 1 月第 2 次印刷
印刷 / 北京荣玉印刷有限公司

书号 / ISBN 978-7-5162-2479-3
定价 / 39.00 元

职校生劳动教育教程

　　本套系列教材注重在劳动教育中引导学生养成良好的职业精神和职业行为习惯，采用模块化的任务驱动，而并非通篇进行理论阐述。本套系列教材以一个个相对独立但又贴近社会、贴近职业、贴近职业院校的劳动任务来吸引学生参与、引导学生感悟，以一个个有趣、亲切的活动引导学生在实际操作中崇尚劳动、尊重劳动，懂得劳动最光荣，并能够辛勤劳动。

　　本套系列教材不是用来"讲"的，而是用来指导学生"做"的。使用本教材，可以避免劳动教育成为"有教育、无劳动"的传统课堂教学，防止在课上"听"劳动、在课外"看"劳动、在网上"玩"劳动、在试卷上"考"劳动的劳动教育占据课堂。

　　其实，从古至今，真正的好教材的作者往往都是扎根于学生群体之中、受学生爱戴的、有长期在教育一线工作经历的教师。本套系列教材的作者均为职业院校的一线教师，他们了解职业院校学生，熟悉职业院校教学实践，他们善于把抽象的理论具体化，把复杂的问题简单化，把枯燥的事物趣味化。更令人钦佩的是这些作者不仅会讲、会写、会思考，更会"做"，是善动手、会劳动的教师。本套系列教材的主编和作者群体一样，也是来自一线的"草根"，他们思维敏捷、善于攻关，敏感地捕捉机遇，设计出让人无法"讲"的教材选题，搭建了能引导学生在劳动中思考的教材框架，并组织了一个志同道合的作者群体。

　　笔者在做修订教材、教参的收尾工作时接到为本套系列教材作序的邀请，作为一个年近八旬的老者虽然已有力不从心之感，但还是放下自己编写的教材为其提笔，因为这套教材是遵循中共中央、国务院以及人力资源和社会保障部、教育部要求而开发的新型课程，所以为本套教材作序也是作为笔者对新事物以及创新者的支持。但由于这套系列教材是新课程、新内容、新体例、新教法、新学法，所以其中也可能存在一些不足之处，敬请读者朋友批评指正。希望本套系列教材能为劳动教育教材的多样化做出贡献，同时也希望其能受到劳动教育教师的重视和学生们的欢迎。

蒋乃平

2020 年 12 月

劳动教育课程是职业院校学生必修的公共基础课，以树立正确的劳动价值观、坚定劳动创造美好生活的信念、形成技能成才志向、践行技能报国理想为目标。以课堂教学与劳动实践活动相结合的方式开展学习活动，通过自评、小组评价、教师评价和第三方评价相结合的方式综合评定成绩。

本教材根据职业院校培养高素质、高技能人才的任务，依据人才成长规律，突出劳动素养和劳动实践，以任务驱动、行动导向、项目思维、一体化模式设计体例，从培养尊重劳动观念、增进热爱劳动情感、加强劳动养成教育、注重职业劳动体验和技能实践提高等方面安排教学内容。着力培养学生爱劳动的情感、会劳动的技能、懂劳动的悟性、创造劳动价值的能力、珍惜劳动成果的情怀、开创幸福新生活的志向。

本教材共4篇9个任务40个劳动活动。包括树立正确的劳动观、养成劳动好习惯、体验社会生产生活劳动、提高劳动技能、劳动是实现幸福生活的力量源泉等篇目。按照爱劳动、会劳动、懂劳动、创造劳动价值、开创幸福生活的脉络延伸扩展，从知识技能、过程方法、情感态度价值观三维目标出发安排劳动活动。每个任务下有任务目标、学时建议、任务描述、任务导图、任务口诀、任务过程、任务实施、任务提高、任务总结与评价等项目。

此外，本书作者还为广大一线教师提供了服务于本书的教学资源库，有需要者可致电13810412048或发邮件至2393867076@qq.com。

目录 CONTENTS

第一篇

树立正确的劳动观

任务一　树立正确的劳动价值观

任务二　树立劳动安全和健康观

任务一　　树立正确的劳动价值观

任务描述

习近平总书记强调："让劳动光荣、创造伟大成为铿锵的时代强音，让劳动最光荣、劳动最崇高、劳动最伟大、劳动最美丽蔚然成风"。劳动教育是职校生成长的必要途径，就是要让以就业为导向的职校学生牢固确立"四个最"的劳动价值观，旗帜鲜明地反对一切不劳而获、贪图享乐、崇尚暴富的错误思想，让中华民族勤俭、奋斗、创造、奉献的劳动精神在一代又一代青少年身上发扬光大。

任务目标

1. 能说出自己对劳动的看法。
2. 能写出自己的劳动梦想。
3. 能积极分享自己的劳动成果和劳动快乐。
4. 能树立正确的劳动观念。

图1-1　劳动光荣

图1-2　古代的劳动（岩石画）

图1-3 焊接

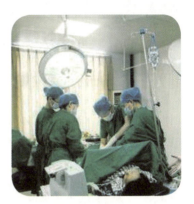
图1-4 救死扶伤

任务口诀

劳动教育新时尚，五育并举做栋梁。
千辛万苦禾下土，优秀传统再弘扬。
自己动手本领强，勤学苦练做工匠。
劳动实践伴终生，技能报国谱华章。

知识解析

一、什么是劳动？

1. 劳动的概念

按照一般的解释，劳动就是指生产物质资料的过程，如农民种田、工人做工等。但随着生产、社会发展变化，劳动的含义也发生了变化，现在主要是指发生在人与自然界、人文物质之间的活动，是人类适应自然和人文的活动以及改造自然和人文的独特方式，是指能够对外输出劳动量或劳动价值的人类运动，是指人类（组织和个人）创造物质财富和精神财富的活动，如农民种田、工人做工、管理劳动、服务劳动等。

2. 劳动的实质

劳动的实质是通过人的有意识的、有一定目的的自身活动来调整和控制自然界、人文领域，使之发生物质和精神变换，即改变自然物质和人文物质的形态或性质，为人类的生活和自己的需要服务。

人类的劳动既有能动性，又有受动性，即既有一定的目的性，又有被动性或被迫性。

3. 劳动与运动

从某个层面说，劳动是人类运动的一种特殊形式。在商品生产体系中，劳动是劳动力的支出和使用。

但劳动与运动有一定的差别，主要体现在：

（1）劳动的动作多是局部的；而运动多是全身的。

（2）劳动的目的在于创造价值或获取报酬；而运动的目的在于锻炼身体，属于消耗和享受过程，偏向于精神层面。

（3）劳动多数时候是有一定压力的；而运动多数是放松、愉悦、释放压力的，但竞技运动会有一定的压力。

（4）劳动多单一或重复，不注意节律和美感；而运动多要体现生命的美与律动。

劳动不能代替运动，运动也不可替代劳动，但二者有时候可结合起来，如开展劳动运动会。

二、劳动的形式

自人类劳动产生以来，往往多是简单的体力劳动，如古代的狩猎、捕鱼、砍伐；但随着生产力的发展，人类的劳动发生了根本性的变化，如脑力劳动渐渐增多，故传统的分类方法有：

根据体力和脑力的比重分为：

（1）体力劳动：以人体肌肉与骨骼的劳动为主，消耗体力多，以大脑和其他生理系统的劳动为辅的人类劳动，如以生产生活资料和生产资料为主的农民、工人等的劳动多属于体力劳动。

（2）脑力劳动：以大脑神经系统的劳动为主，消耗脑力多，以其他生理系统的劳动为辅的人类劳动，其特征在于劳动者在生产中运用的是智力、科学文化知识和生产技能，如创造知识的科学研究、传授知识的教育、管理知识的企业管理和实现知识的技术技能应用实践等。

按照劳动的复杂程度及生产商品的劳动环境分为：

（1）简单劳动：在一定的社会条件下不需要经过特别的专门训练，每个普通劳动者都能从事的劳动，如家庭卫生打扫等简单的体力劳动。

（2）复杂劳动：是指需要经过专门学习和训练，具有一定技术专长的劳动。少量的复杂劳动可以等于多量的简单劳动。如精密仪器设备操作等职业劳动、专业劳动、跨职业劳动、跨专业劳动都是复杂劳动。

时代不同，经济社会需要的劳动也不同。远古和古代体力劳动比较适合当时的经济社会发展，生产水平低下，劳动较为简单；现代科技发达，工艺复杂，用料先进，技术壁垒，则更需要我们多做技术性劳动、智力性劳动、创业性劳动、创造性劳动、原创性劳动、团队协作劳动，也更需要艰苦奋斗精神、劳模精神和工匠精神。

三、劳动的作用

劳动是人类社会生存和发展的基础，是人维持自我生存和自我发展的唯一手段。

1. 劳动创造了人类及人类社会

在由猿到人的转变过程中，劳动让双手更灵活，终于能够把石块打制成石器；在劳动中，简单的呼叫不能满足互相交流的需要，语言产生了；逐渐只有通过劳动才可以获取食物。

随着人口数量的增多，社会各方面的需求越来越大，于是人们就要学会合理分工，再学会物质交换，直到现在使用货币。也就是说，在一定意义上劳动创造了人本身。

人类社会也是通过生产劳动产生的。生产劳动为人类的生存和发展提供了物质基础，为人们从事其他活动创造了物质条件。

在人类发展史上，是劳动推动了个人的生活和人类社会的发展。

在人类社会的早期，人类通过劳动从大自然获取食物，满足了自己的生存需要。随着人类生产力的不断提高，当人类的劳动足以满足自身的生存需要的时候，人类就开始追求更高层次的需要了，这个时候劳动就开始帮助人类积累生产资料和社会财富，这些生产资料和社会财富不断积累，人类劳动的能力和技巧也不断地提高。在这个过程中人类社会也发生着变化：从原始社会、奴隶社会、封建社会、资本主义社会到社会主义社会，最终人类还要过渡到共产主义社会，当然这是一个漫长的过程。

人的一切观念活动——无论是以个体意识（结果或活动）形式呈现的观念、思想、意识、想象、思维、精神活动，还是以社会意识形式呈现的政治、法律、道德、宗教、哲学等都是在劳动的基础上产生和形成的。

人民群众用劳动创造了人类历史。马克思认为，物质生产是"一切历史的基本条件"，有了人类的劳动，才有满足人类生存必需的前提，才产生了生活和历史。人民群众不仅是物质财富和精神财富的创造者，而且是变革社会制度、推动历史发展的决定性力量。从唯物史观和劳动哲学层面，习近平总书记深刻阐释了人民的主体地位，科学阐明了人民劳动创造历史的重要意义，指出"劳动是推动人类社会进步的根本力量"，"人民是历史的创造者，人民是真正的英雄"。这些观点全面把握了人民、劳动与历史发展、时代进步的内在逻辑，与马克思主义既一脉相承又与时俱进。

勤劳勇敢智慧的中国人民创造了灿烂的中华文明。在五千年历史长河中，中国人民创造了辉煌历史，铸就了灿烂的中华文明。习近平总书记指出："波澜壮阔的中华民族发展史是中国人民书写的！博大精深的中华文明是中国人民创造的！历久弥新的中华民族精神是中国人民培育的！"这一重要论述充分肯定并高度赞扬了中国人民在中华文明创造中的主体地位，也以中国历史发展实践生动阐释、充分彰显了中国人民创造中华文明的重要价值。在漫长的发展实践中沉淀形成的中华优秀传统文化和中国人民特质禀赋，已经成为植根于中国人内心的民族基因，并深刻影响着中国的发展进步。

个人是社会的微观体现。显而易见，劳动使个人能力全面发展。劳动使人获得生活的真谛，从而提升了思想境界，继而促进了社会的发展。

2. 劳动实现了人的自身价值

劳动是一项实践活动，它是生命和生活的存在与发展的基础，是理念的获得与实现的途径，是创造人生价值的必由之路，是实现人的解放的必要条件，是精神与物质的获得、生活幸福安康、人生圆满升华的根本之路，是人的进步与完善的不二之法，是人类团结、友爱、互助、和谐、进步的原动力。

人在劳动中，无论是有偿劳动还是义务劳动，人总会觉得自己是一个正经人，在干正经的事，会至少得到自己和亲近的人的情感认同和价值认可。

人在劳动中发挥出自己的价值，创造出超越自身正常状态的价值，使自己的潜能、价值可能迸发出来，因而人能获得自我和他人的肯定，获得尊严、物质和精神上的独立、自强，获得精神的愉悦、解放和自由，获得优越感，使人情与智慧都获得提升与进步，从而实现自我的圆满。

人在劳动中可以切切实实地感受到生活的艰辛、财富的来之不易、民生的疾苦、劳动人民的辛苦、世间的种种辛劳和艰难困苦，从而培养同情心、平等心，感受生命、人生、生活、世界的苦与乐。

综上所述，人类的劳动对于人自身的修炼、人的学习的进步、人的工作的成功、人的家庭的幸福、人与人之间的交流与合作的实现、公共环境与生活的美好与进步、社会的和谐繁荣与进步、国家的昌盛、世界的发达进步、人类的福祉的实现，有决定性的意义。

四、劳动创造了新中国

（一）中华人民共和国成立时的百废待兴

自 1840 年以来，我们伟大的祖国倍受凌辱和瓜分，经历了一场场战争，比如鸦片战争（1840—1842 年）、第二次鸦片战争（1856—1860 年）、中法战争（1883—1885 年）、甲午战争（1894—1895 年）、八国联军侵华战争（1900—1901 年）、抗日战争（1931—1945 年）等。

帝国主义一百多年的对华侵略战争，使中国割让大片土地，领土完整遭到严重破坏，主权遭到侵犯，自然经济逐步解体，资本主义列强的剥削与压榨使得中国被迫卷入资本主义世界市场当中，处处受限于资本主义国家的市场发展需求，中国开始近代化进程，打破了闭关锁国政策，国门被迫打开。结果是整个中国满目疮痍、民不聊生、百废待兴，至

1949 年末中国人口约 54167 万人，国内生产总值（GDP）408 亿元（仅相当于 2019 年不到 4 小时的 GDP 水平，每小时约 102 亿元），月人均 75 元（2019 年人均 70892 元）。

（二）劳动创造新中国历史

1. 中华人民共和国初期建设高潮

1949 年 10 月 1 日，中华人民共和国成立，这极大地激励着全体中国人民，在中国共产党的正确领导下，各族人民精神矍铄，斗志昂扬，建设新中国的热情高涨，使得新中国成立后的三年国民经济恢复期和第一个五年计划（1953—1957）的发展速度飞涨，初步建立起独立的比较完整的工业体系和国民经济体系，培养了大批技术人才，为社会主义工业化奠定了初步基础。

随后，中国社会主义建设进入了探索期，直至 1978 年党的十一届三中全会。

2. 改革开放 40 年的辉煌

1978 年中国共产党十一届三中全会确定改革开放，全党全国的工作重点转移到以经济建设为中心上来，改革开放发展经济顺应了党心民心，掀起了经济建设高潮。尤其是邓小平 1992 年南方谈话，中国经济建设帆正风满，1997 年的亚洲金融危机、2008 年的国际金融危机都未能阻挡经济发展势头，使中国保持了持续快速稳定发展。

2018 年，我国国内生产总值增长 6.6%，总量突破 90 万亿元，居民消费价格上涨 2.1%，城镇新增就业 1361 万人，调查失业率稳定在 5% 左右的较低水平，经济运行保持在合理区间。同时，经济结构不断优化、发展新动能快速成长、改革开放取得新突破、三大攻坚战开局良好、人民生活持续改善。这些成绩单为未来中国经济实现高质量发展奠定了坚实基础，也再次证明了有中国共产党的正确领导，全国各族人民的辛勤劳动，我们的未来一定会更好。

3. 中国新时代的未来

2017 年 10 月 18 日，中国共产党第十九次全国代表大会在北京开幕。十九大报告提出了中国发展新的历史方位——中国特色社会主义进入了新时代。

中国特色社会主义进入新时代，意味着近代以来久经磨难的中华民族迎来了从站起来、富起来到强起来的伟大飞跃，迎来了实现中华民族伟大复兴的光明前景；意味着科学社会主义在 21 世纪的中国焕发出强大生机活力，在世界上高高举起了中国特色社会主义伟大旗帜；意味着中国特色社会主义道路、理论、制度、文化不断发展，拓展了发展中国家走向现代化的途径，给世界上那些既希望加快发展又希望保持自身独立性的国家和民族提供了全新选择，为解决人类问题贡献了中国智慧和中国方案。

实现中华民族伟大复兴就是新时代中国共产党的历史使命，这也是近代以来中华民族最伟大的梦想。

党的十九大是一次不忘初心、牢记使命、高举旗帜、团结奋进的历史性盛会，极大地鼓舞了全党全国人民为实现中华民族伟大复兴的中国梦而奋斗的信心和力量，具有极其重大的历史意义。

　　党的十九大规划了我们未来的宏伟蓝图，到 2020 年，我们要全面建成小康社会、实现第一个百年奋斗目标；同时我们要乘势而上开启全面建设社会主义现代化国家新征程，向第二个百年奋斗目标进军，到 2035 年基本实现社会主义现代化；到 21 世纪中叶建成富强民主文明和谐的社会主义现代化强国。

　　2019 年是中华人民共和国成立 70 周年，面对国内外风险挑战明显上升的复杂局面，在以习近平同志为核心的党中央坚强领导下，各地区各部门以习近平新时代中国特色社会主义思想为指导，全面贯彻党的十九大和十九届二中、三中、四中全会精神，按照党中央、国务院决策部署，坚持稳中求进工作总基调，坚持新发展理念和推动高质量发展，坚持以供给侧结构性改革为主线，着力深化改革扩大开放，持续打好三大攻坚战，统筹稳增长、促改革、调结构、惠民生、防风险、保稳定，扎实做好稳就业、稳金融、稳外贸、稳外资、稳投资、稳预期工作，经济运行总体平稳，发展水平迈上新台阶，发展质量稳步提升，人民生活福祉持续增进，各项社会事业繁荣发展，生态环境质量总体改善，"十三五"规划主要指标进度符合预期，全面建成小康社会取得新的重大进展。据统计核算，全年国内生产总值 990865 亿元，比上年增长 6.1%；人均国内生产总值 70892 元，比上年增长 5.7%；全国万元国内生产总值能耗比上年下降 2.6%；全员劳动生产率为 115009 元 / 人，比上年提高 6.2%；年末全国内地总人口 140005 万人；年末国家外汇储备 31079 亿美元，比上年末增加 352 亿美元；年末全国城镇调查失业率为 5.2%。

活动 1　劳动最光荣

　　劳动是体现一个人有修养、有道德、有文化、有内涵的最明显的标志。老舍先生说过：不劳动连棵花也养不活。劳动最光荣，劳动创造了人类历史和人类文明。走进博物馆，回望历史，我们更加感受到劳动的意义，劳动最光荣。

图 1-5　劳动最光荣

💬 活动名称

参观博物馆

🛡 劳动安全卫生防护知识

　　（1）参观时别穿得太随意。博物馆是一个环境相对特殊的场所，馆内展出的都是具有很高纪念价值的文物和艺术品，因此博物馆对馆内环境的要求非常高，对参观者也有着一定的要求。

（2）博物馆里不要大声喧哗。博物馆同图书馆一样，是一个讲究安静的场所，这会使参观者能静下心来感受艺术品带来的艺术美感。因此，参观者在馆内应该始终保持安静，尽量不高谈阔论，更不能大声喧哗。

（3）展品不能乱摸。博物馆里展出的艺术品都是十分珍贵的，有的展品甚至在世界上都是独一无二的，具有极高的价值。

（4）拍照时不能使用闪光灯。很多极珍贵的文物，比如历史名画、古代彩色塑像等，都很"怕光"，在强光的照射下，会加速它们的"衰老"，甚至形成永久性的损坏。

活动描述

金缕玉衣、汉代陶俑、玉器石币……它们身上的痕迹、花纹代表了古代劳动人民的历史审美，反映古代人朴素的劳动观。文物，就是我们和古人沟通的桥梁，是古人存在过的证明，是一种历史印记。

博物馆是中华五千年文明的重要体现，展现了古代劳动人民文明进化的过程。博物馆以历史文物为根据，并对那些有科学性、历史性或者艺术价值的物品进行分类，为公众提供知识、教育和欣赏的文化教育的社会公共机构。博物馆是劳动人民社会实践的浓缩，再现了一代又一代人自强不息、艰苦奋斗的劳动历程。因此，组织学生参观博物馆，可以对学生进行传统文化的教育，使其树立文化自信，同时也能够让学生更直观地了解古代的璀璨文明和劳动实践所带来的丰硕成果，用心感受体悟劳动的光荣与伟大、崇高与永恒。

图1-6　陕西古代文明展

活动目标

（1）引导学生有组织有纪律地参观博物馆，学生通过讲解员的讲解，通过纸、笔和相机记录自己的感受，感受劳动的伟大。

（2）培养学生主动探索的精神，传承创新精神。

（3）通过了解不同历史时期的劳动成果，感受劳动的荣耀，激发民族的自豪感和崇拜感，为创造更辉煌的明天而努力。

活动导图

第一步：安全准备——培训安全相关知识 → 第二步：参观展览——集中观看博物馆分布图 → 第三步：参观展览——参观博物馆各区域 → 第四步：参观展览——集体讨论 → 第五步：参观展览——书写感想感悟

活动口诀

华夏文明史悠长，博物馆里来收藏。

盘古开天传神话，三皇五帝勇担当。

物华天宝钟灵秀，智慧勤劳矢志刚。

古今多少英雄事，中华民族永兴邦。

图 1-7 东晋历史文化博物馆

活动实践

（1）参观准备：布置参观任务后，要根据博物馆展出物品、陈列资料等，提前登录网站、查阅资料、收集相关知识。通过前期工作，了解一些历史史实或背后故事，有针对性地参观学习。

（2）为方便参观、提高效果，进入博物馆前，要交代本次活动内容及任务。同时将班级分成若干小组，布置参观的路线及计划，需要注意的安全防护要求等。

（3）参观学习：在讲解员和带队老师带领下，按参观顺序参观学习，了解博物馆概况、文明演变、文物风采，深入体会古人的劳动实践的智慧。

活动拓展

（1）思想交流：组织学生分组进行讨论，回顾历史，感受中华历史文化之博大精深，就参观过程中的思想感悟进行深入交流。

（2）感想感悟：老师对当天的参观活动进行总结和回顾，学生对自己的参观过程进行总结，写一篇观后感，并在规定期限内交到班长处。

图1-8　参观博物馆

活动提高

新时代的劳动观：最光荣、最崇高、最伟大、最美丽

党的十八大以来，习近平总书记多次围绕劳动的价值、弘扬劳动精神、构建和谐劳动关系等内容进行深刻阐述，内涵丰富、思想深邃，为决胜全面建成小康社会、夺取新时代中国特色社会主义伟大胜利、实现中华民族伟大复兴的中国梦提供了强大的思想引领和精神支撑。

人民对美好生活的向往，就是我们的奋斗目标。人世间的一切幸福都需要靠辛勤的劳动来创造。我们的责任，就是要团结带领全党全国各族人民，继续解放思想，坚持改革开放，不断解放和发展社会生产力，努力解决群众的生产生活困难，坚定不移走共同富裕的道路。

——2012年11月15日，习近平同采访十八大的中外记者见面时指出"功崇惟志，业广惟勤。"

我国仍处于并将长期处于社会主义初级阶段，实现中国梦，创造全体人民更加美好的生活，任重而道远，需要我们每一个人继续付出辛勤劳动和艰苦努力。

——2013年3月17日，习近平在第十二届全国人民代表大会第一次会议上的讲话

人民创造历史，劳动开创未来。劳动是推动人类社会进步的根本力量。幸福不会从天而降，梦想不会自动成真。实现我们的奋斗目标，开创我们的美好未来，必须紧紧依靠人民、始终为了人民，必须依靠辛勤劳动、诚实劳动、创造性劳动。我们说"空谈误国，实干兴邦"，实干首先就要脚踏实地劳动。

——2013 年 4 月 28 日，习近平在同全国劳动模范代表座谈时的讲话

劳动是财富的源泉，也是幸福的源泉。人世间的美好梦想，只有通过诚实劳动才能实现；发展中的各种难题，只有通过诚实劳动才能破解；生命里的一切辉煌，只有通过诚实劳动才能铸就。劳动创造了中华民族，造就了中华民族的辉煌历史，也必将创造出中华民族的光明未来。

——2013 年 4 月 28 日，习近平在同全国劳动模范代表座谈时的讲话

劳动是一切成功的必经之路。当前，全国各族人民正满怀信心为实现"两个一百年"奋斗目标而努力。实现我们确立的奋斗目标，归根到底要靠辛勤劳动、诚实劳动、科学劳动。

——2014 年 4 月 30 日，习近平在乌鲁木齐接见劳动模范和先进工作者、先进人物代表，并同他们座谈时强调

全面建成小康社会，进而建成富强民主文明和谐的社会主义现代化国家，根本上靠劳动、靠劳动者创造。因此，无论时代条件如何变化，我们始终都要崇尚劳动、尊重劳动者，始终重视发挥工人阶级和广大劳动群众的主力军作用。这就是我们今天纪念"五一"国际劳动节的重大意义。

——2015 年 4 月 28 日，习近平在庆祝"五一"国际劳动节暨表彰全国劳动模范和先进工作者大会上的讲话

劳动是人类的本质活动，劳动光荣、创造伟大是对人类文明进步规律的重要诠释。"民生在勤，勤则不匮。"中华民族是勤于劳动、善于创造的民族。正是因为劳动创造，我们拥有了历史的辉煌；也正是因为劳动创造，我们拥有了今天的成就。

——2015 年 4 月 28 日，习近平在庆祝"五一"国际劳动节暨表彰全国劳动模范和先进工作者大会上的讲话

幸福不是毛毛雨，幸福不是免费午餐，幸福不会从天而降。人世间的一切成就、一切幸福都源于劳动和创造。

——2015 年 6 月 1 日，习近平会见中国少年先锋队第七次全国代表大会全体代表时强调

"人生在勤，勤则不匮。"幸福不会从天降，美好生活靠劳动创造。

——2016 年 4 月 26 日，习近平在知识分子、劳动模范、青年代表座谈会上的讲话

梦想属于每一个人，广大劳动群众要敢想敢干、敢于追梦。说到底，实现中华民族伟大复兴的中国梦，要靠各行各业人们的辛勤劳动。

——2016 年 4 月 26 日，习近平在知识分子、劳动模范、青年代表座谈会上的讲话

全党全军全国各族人民要在中国共产党坚强领导下，同心同德，开拓进取，用辛勤劳动创造中国人民的美好生活、创造中华民族的美好未来，继续同世界各国人民一道构建人类命运共同体。

——2019年2月3日上午，中共中央、国务院在人民大会堂举行2019年春节团拜会，习近平发表讲话时强调

 活动评价

序号	任务内容	配分	任务评价		
			自评	互评	师评
1	听从指挥，安全抵达	20			
2	遵守纪律，有序参观	20			
3	专心致志，认真听讲	20			
4	书面心得体会	20			
5	交流分享心得	20			
6	合计	100			

注：评价按A（18~20分）、B（15~17分）、C（11~13分）、D（8~10分）评分

活动 2　劳动最崇高

劳动最崇高是新时期对马克思主义劳动学说的诗意升华，体现了劳动的本质属性，形象而生动地还原了崇高的真实面目。陶铸先生曾说："劳动是一切知识的源泉。"中国传统的劳动教育观蕴藏在中国丰富的文化财富之中，对促进新时代劳动教育具有重要意义。

图1-9　劳动者

活动名称

走进图书馆

图 1-10　阅读让生活更精彩

劳动安全卫生防护知识

（1）去图书馆要遵守图书馆的规章制度，听从带队老师的命令和要求，不得擅自离队。

（2）如果只是参观，就不要随意带走图书，不要随意污损图书。

（3）要保持室内安静，要有序、依次上下楼梯，不要追逐打闹，防止出现踩踏事故。

活动描述

政治家陶铸先生曾说："劳动是一切知识的源泉。"中国传统的劳动教育观蕴藏在中国丰富的文化财富之中。从神话故事、古代诗歌到现代优秀文学作品，无不包含着对劳动实践的歌颂。而书籍全面展现了人类的文明和进步，是劳动最崇高的真实展现，对促进新时代劳动教育具有重要意义。

图 1-11　漫画读书

图书馆是书籍世界的殿堂，是精神文明成果的凝聚地。书籍是人类进步的阶梯，是精神文明的财富，是脑力劳动的结晶。参观图书馆可以让学生在享受精神文明带来的愉悦体验时，坚持用马克思主义劳动观武装头脑，并在学习中不断深化对劳动育人观念的理解，不断提升劳动素养。

活动目标

带领学生走进图书馆，了解图书馆各个部门的主要功能，引导学生进行图书借阅或开展自习。

（1）体验图书馆浓浓的阅读氛围，并尝试选择图书，安静阅读，培养阅读兴趣。

（2）主动采访图书管理员，大胆提问交流，了解借书、还书方法，了解借阅图书的相关程序，学习图书检索方法。

图1-12　图书馆

（3）通过阅读有关劳动成果的著作，感受劳动的荣耀，激发民族的自豪感和崇拜感，为创造更辉煌的明天而努力。

活动导图

第一步：了解图书馆位置，学习相关知识　→　第二步：浏览图书馆环境，参观图书馆各区域的分布　→　第三步：询问图书管理员，了解借阅程序　→　第四步：学习图书检索知识，进行图书借阅　→　第五步：保持图书馆安静——书写感想感悟

活动口诀

图书馆里书目全，文学社会都展现。
氛围安静人优雅，腹有诗书气如兰。
立学以读书为本，立身以立学为先。
知识改变人命运，未来就在你心间。

图1-13　阅读时光

活动实践

（1）参观准备：可以以班级为单位，也可以自行进入。了解图书馆概况、馆藏图书、分类区域、借阅规定等。

（2）借阅学习：了解图书证办理方法，选择自己喜爱的一本书进行借阅。

（3）归还图书：图书借阅期间要爱惜，不能损毁、涂抹，按期归还。

图 1-14　集体阅读

图 1-15　专题阅读

图 1-16　安静阅读

 活动提高

世界读书日

世界读书日全称为世界图书与版权日，又称"世界图书日"，最初的创意来自于国际出版商协会。1995 年正式确定每年 4 月 23 日为"世界图书与版权日"，设立目的是推动更多的人去阅读和写作，希望所有人都能尊重和感谢为人类文明做出过巨大贡献的文学、文化、科学、思想大师们，保护知识产权。每年这一天，世界 100 多个国家都会举办各种各样的庆祝和图书宣传活动。

1972 年，联合国教科文组织向全世界发出了"走向阅读社会"的号召，要求社会成员人人读书，让读书成为人民日常生活中不可或缺的部分。

1995 年，国际出版商协会在第二十五届全球大会上提出"世界图书日"的设想，并由西班牙政府将方案提交联合国教科文组织。后来，俄罗斯认为，"世界图书日"还应当增加版权的概念。设立世界读书日的建议是由西班牙提出的，其灵感源自西班牙加泰罗尼亚地区的"圣乔治节"。另据《图书馆杂志》，世界读书日来源于西班牙加泰罗尼亚地区的一个传说：美丽的公主被恶龙困于深山，勇士乔治只身战胜恶龙，解救了公主；公主回赠给乔治的礼物是一本书。从此书成为胆识和力量的象征。4 月 23 日成为"圣乔治节"。节日期间，加泰罗尼亚地区的居民有赠送玫瑰和图书给亲友的习俗。

1995 年，联合国教科文组织宣布 4 月 23 日为"世界读书日"。1616 年 4 月 23 日是西班牙著名作家塞万提斯和英国著名作家莎士比亚的辞世纪念日。

世界读书日的主旨宣言为："希望散居在全球各地的人们，无论你是年老还是年轻，无论你是贫穷还是富有，无论你是患病还是健康，都能享受阅读带来的乐趣，都能尊重和感谢为人类文明做出巨大贡献的文学、文化、科学思想大师们，都能保护知识产权。"

图 1-17　世界读书日

图 1-18　学无止境

活动评价

序号	任务内容	配分	任务评价		
			自评	互评	师评
1	按时到位，有序进场	20			
2	遵守纪律，服从安排	20			
3	专心学习，了解岗位	20			
4	访谈图书管理员	20			
5	书面心得体会	20			
6	合计	100			

注：评价按 A（18~20 分）、B（15~17 分）、C（11~13 分）、D（8~10 分）评分

活动 3　劳动最伟大

　　劳动最伟大是对劳动人民的歌颂，伟大的劳动人民用勤劳的双手和智慧，编织了五彩斑斓的世界，创造了人类文明。向全世界的劳动者致敬！

图 1-19　劳动最伟大

 活动名称

感知"五一"劳动节（认识工匠精神、劳模精神、劳动精神）

劳动安全卫生防护知识

（1）按照规定时间整队到达参观位置，注意交通安全。

（2）爱护公共设施，不践踏草坪、不随意触摸水电设施。

（3）文明参观，注意"禁止拍照"标识，不大声喧哗。

活动描述

　　五一国际劳动节是全世界劳动人民的共同节日，劳动的伟大意义在于促进人类的成长与发展，文明的起源与进步。在这样一个重要的时间节点，让我们的学生通过参观了解家乡各行各业的劳动者，他们的奋斗经历和光辉业绩，从更深层次感悟工匠精神、劳模精神、劳动精神，继而将这些精神传承和发扬下去。

活动目标

　　（1）通过交流和分享参观感悟培养学生的观察分析能力和表达能力。

（2）让学生充分认识工匠精神对于当今高技能人才培养的重要意义。

（3）培养遵规守纪、团队协作的良好素养。

 活动导图

| 第一步：
到达指定地点 | → | 第二步：
参观路线
注意事项 | → | 第三步：
逐点参观
做好记录 | → | 第四步：
分组讨论
交流心得 | → | 第五步：
返回学校
交书面心得体会 |

 活动口诀

五一节日很重要，劳动教育重时效。

典型人物树榜样，光辉事迹要记牢。

劳动精神悟内涵，劳模精神领会到。

不忘初心立宏志，大国工匠光闪耀。

图1-20　致敬劳动者

活动实践

劳动准备：提前规划路线，选择出行方式，指导老师交代参观的相关注意事项，强调交通和人身安全。

劳动实施：按照参观路线逐个点参观，通过讲解员的介绍，观摩历史文物、碑文和长廊的文字描述，细致了解劳动者相关事迹，并且通过现场交流分享心得体会。

活动提高

1.榜样的力量——走近徐工毕可顺

图1-21　毕可顺　榜样的力量

一线工人享受国务院特殊津贴——徐工集团毕可顺成为徐州市首位获此殊荣的普通工人。

毕可顺，徐工集团高级技师，全国"五一劳动奖章"获得者，全国职工创新能手……在40年的一线岗位上，他用一种不服输的精神给了自己不一样的人生，向我们展示了新一代劳模的风采。

1969年，毕可顺初中毕业进了工程厂，成为一名学徒工。他在机床前向有经验的老师傅虚心求教，没日没夜地摸索着技术上的难题，很快成了车间里的"能人"。从1983年开始，他自学了《机电数学》《电子学》《机械制图》等学科，通过专业考核，获得电工技师证书；他靠自学、自练掌握的机电理论知识和机电操作、维修技能，已是一个高级工程师也难以达到的高度。多年来，他自学的笔记已有一万多张纸，"喝"干了一千多瓶墨水。

说起今天所取得的成就，毕可顺没有什么华丽的辞藻，"爱琢磨、好奇心强"，朴实的语言道出了他的成功法则。毕可顺说："我喜欢挑战，喜欢设备维修，维修时遇到的问题越多越觉得刺激。""有难题找老毕"已成为工友们的一句口头禅。从1995年至今，加工中心设备的保养和维修没有再请过一个外国专家，仅此一项为企业带来的效益是无法用金钱来衡量的。

毕可顺进厂近40年，实现了年年有创新。在他的带动下，加工中心的学习风气更浓了，一批优秀的青年技能型人才成长起来，已有3人取得电工技师资格证书，42人取得中、高级职业资格证书。

毕可顺的学习与实际联系得很密切，他用学来的知识解决了大量实际问题。有一次，一批时间紧、要求高的参展产品转到加工中心，恰巧一台关键设备的电器出现了故障，加工中心不能正常运转，设备如果晚修一天，企业将损失一百多万元！刚巧一位外国专家正在厂里，他来到现场，说明书翻了一遍又一遍，面对复杂的电器也无从下手，连连挠头。心急如焚的毕可顺果断决定，拆机！两个小时后，故障点终于找到了。凭着自己多年的经验，他拆掉一台故障设备的电器，按照电路图重新进行了布线，设备很快正常运转。

进入工厂近40年，毕可顺没有完整休过一个假期。他认为，干自己喜欢的事，就不会觉得苦。他把对企业的爱已深深地植入血脉，认为在工作中获得的成就和快乐是任何物质不能替代的。

在行内小有名气，让毕可顺会不时地接到外面传递来的信息：如果他愿意去某某企业任职，便给他几十万元的年薪。几十万元，对一个普通的家庭来说，诱惑是极大的，朋友们也劝他辞去厂里的工作，接受新职，但被他断然拒绝了。

说到以后的打算，毕可顺淡然一笑："现在自己是越干越没底，随着新兴事物不断出现，自己的知识日益缺乏，希望能通过不断学习，扩充自己的知识。我最大的愿望就是继续把机器修好，边干边学，多关心新技术的发展。"

心得交流

我们通过参观、听讲解，了解到全国劳模、国务院特殊津贴获得者、徐工集团首席技师毕可顺，数十年如一日，立足本职、钻研技术、突破难关成为大国工匠的事迹，试分析从他的身上我们看到了作为一个劳动者怎样难能可贵的品质？

优秀毕业生座谈

邀请近年来优秀毕业生代表来校座谈，实地了解他们的成长经历和心路历程。

2. 了解国际劳动节的由来、工匠精神、劳动精神、劳模精神

（一）"五一"国际劳动节的由来

19世纪末，美国和欧洲等许多国家，逐步由资本主义发展到帝国主义阶段，为了刺激经济的高速发展，榨取更多的剩余价值，以维护这个高速运转的资本主义机器，资本家不断采取增加劳动时间和劳动强度的办法来残酷地剥削工人。

欧美国家的工人举行过多次罢工，以减少劳动时间和劳动强度，虽有法律制度，但狠毒的资本家根本不予理睬，这项法律只不过是一纸空文。

忍无可忍的工人们决定将这场争取生存权利的斗争，推向一个新的高潮，准备举行更大规模的罢工运动。1884年10月，美国和加拿大的八个国际性和全国性工人团体，在美国芝加哥举行一个集会，决定于1886年5月1日举行总罢工，迫使资本家实施八小时工作制。

图1-22　五一

1886年5月1日，美国2万多个企业的35万工人罢工，举行了声势浩大的示威游行，美国的主要工业部门处于瘫痪状态，火车变成了僵蛇，商店更是鸦雀无声，所有的仓库也都关门并贴上封条。

为纪念这次伟大的工人运动，1889年7月，在恩格斯组织召开的第二国际成立大会上宣布将每年的五月一日定为国际劳动节，简称"五一"。这一决定立即得到世界各国工人的积极响应。

1890年5月1日，欧美各国的工人阶级率先走向街头，举行盛大的示威游行与集会，争取合法权益。从此，每逢这一天，世界各国的劳动人民都要集会、游行，以示庆祝。

中国人民庆祝劳动节的活动可追溯至1918年，每年都以不同的形式举行游行、集会。

中华人民共和国成立后，党中央国务院将5月1日确定为劳动节。1989年后，国务院基本上每5年都在"五一"前表彰一次全国劳动模范和先进工作者，每次表彰3000人左右。

1999年9月，我国国务院改革出台新的法定休假制度，将每年国庆节、春节和"五一"定为法定节日。

（二）认识工匠精神

工匠精神是一种职业精神，它是职业道德、职业能力、职业品质的体现，是从业者的一种职业价值取向和行为表现。它是工匠们几千年来逐渐创造出来的，著名企业家、教育家聂圣哲先生首次提出，李克强总理在2016年的政府工作报告中提出"要鼓励企业开展个性化定制、柔性化生产，培育精益求精的工匠精神"。

图 1-23 工匠精神

目前，我们说工匠精神是指追求卓越的创造精神、精益求精的品质精神、用户至上的服务精神，其精神内涵是敬业、精益、专注、创新。

（1）敬业。敬业是从业者基于对职业的敬畏和热爱而产生的一种全身心投入的认认真真、尽职尽责的职业精神状态。敬业是中国人的传统美德，也是当今社会主义核心价值观的基本要求之一。早在春秋时期，孔子就主张人在一生中始终要"执事敬"（指行事要严肃认真不怠慢）、"事思敬"（临事要专心致志不懈怠）、"修己以敬"（加强自身修养保持恭敬谦逊的态度）。

（2）精益。精益就是精益求精，是从业者对每件产品、每道工序都凝神聚力、精益求精、追求极致的职业品质。所谓精益求精，是指已经做得很好了，还要求做得更好，"即使做一颗螺丝钉也要做到最好"。正如老子所说，"天下大事，必作于细"。

（3）专注。专注就是内心笃定而着眼于细节的耐心、执着、坚持的精神，这是一切"大国工匠"所必须具备的精神特质。在中国早就有"艺痴者技必良"的说法，如《庄子》中记载的游刃有余的"庖丁解牛"、《核舟记》中记载的奇巧人王叔远等。

（4）创新。"工匠精神"还包括追求突破、追求革新的创新内蕴。古往今来，热衷于创新和发明的工匠们一直是世界科技进步的重要推动力量。中华人民共和国成立初期，我国涌现出一大批优秀的工匠，如倪志福、郝建秀等；改革开放以来，"汉字激光照排系统之父"王选、"中国第一、全球第二的充电电池制造商"王传福、从事高铁研制生产的铁路工人和从事特高压、智能电网研究运行的电力工人等都是"工匠精神"的优秀传承者，他们让中国创新重新影响了世界。

（三）认识劳动精神、劳模精神

1.劳动精神

劳动精神是每一位劳动者为创造美好生活而在劳动过程中秉持的劳动态度、劳动理念及其展现出的劳动精神风貌。

图 1-24　劳动精神

在新时代中国特色社会主义伟大实践的条件下，劳动者的劳动精神表现为"劳动光荣、劳动伟大"的劳动理念、"爱岗敬业、争创一流"的劳动态度、"淡泊名利、无私奉献"的劳动品德、"艰苦奋斗、勇于创新"的劳动习惯。

图 1-25　劳模精神

2. 劳模精神

劳模精神是指劳动者在平凡岗位上做出不平凡业绩所坚持坚守坚定的基本信念、价值追求、人生境界及其展现出的整体精神风貌。习近平总书记把劳模精神概括为"爱岗敬业、争创一流，艰苦奋斗、勇于创新，淡泊名利、甘于奉献"，那就是主人翁责任感和艰苦创业精神，忘我的劳动热情和无私奉献精神，良好的职业道德和爱岗敬业精神，这些集中体现了中国劳动者的先进思想和精神风貌的优秀品质，正是劳模精神。劳模精神引领时代精神，劳模价值创造社会价值。每一个时代的劳模都有其特点，但无论时代如何变迁，永远不变的是劳模精神的本质。

我们一定要在全社会大力弘扬劳模精神、劳动精神，引导广大人民群众树立辛勤劳动、诚实劳动、创造性劳动的理念，让劳动光荣、创造伟大成为铿锵的时代强音，让劳动最光荣、劳动最崇高、劳动最伟大、劳动最美丽的劳动观蔚然成风。在我们社会主义国家，一切劳动，无论是体力劳动还是脑力劳动，都值得尊重和鼓励；一切创造，无论是个人创造还是集体创造，也都值得尊重和鼓励。

3. 争做社会典范——参观好人园、名人馆

（1）规划路线合理，准备充分，按时到达指定位置。

图 1-26　参观好人园

（2）有序参观，遵守纪律，爱护展品，文明观展。

图 1-27　听讲解

（3）认真聆听讲解，做好记录，现场交流分享心得。

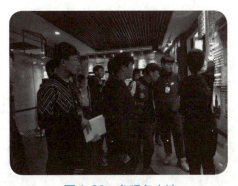

图 1-28　参观名人馆

活动评价

感知五一劳动节

序号	任务内容	配分	任务评价		
			自评	互评	师评
1	按时到位，有序参观	20			
2	现场交流心得体会	20			
3	书面心得体会	20			
4	劳动安全意识	20			
5	访谈优秀毕业生	20			
6	合计	100			

注：评价按 A（18~20分）、B（15~17分）、C（11~13分）、D（8~10分）评分

活动 4　劳动最美丽

"劳动创造美"。回望漫漫历史长河，人类文明和进步是由劳动创造和推动的，放歌新时代，逐梦新征程，也只有辛勤劳动和努力奋斗，我们才会书写华丽的时代篇章，在历史中添上浓墨重彩的一笔。

 活动名称

云参观徐州贾汪区马庄村

图 1-29　劳动最美丽

图 1-30 习近平总书记与村民王秀英亲切交谈

劳动安全卫生防护知识

（1）从官方网站进入参观，不要点击来源不明的广告和弹窗。

（2）遵守云参观相关规定，尊重知识产权，不随意转载和翻拍、传播。

（3）注意网络文明，正确和客观发表言论，自觉维护风清气正的网络环境。

活动描述

劳动创造了物质文明，劳动创造了人类及人类社会。祖国 960 万平方千米的辽阔疆域，各地历史文化遗产、红色文化教育基地星罗棋布，它们的存在为我们提供了最直观、最真实、最详尽见证人类劳动成果和灿烂文化结晶的场所。

随着现代科技的发展，越来越多的地方通过互联网搭建"云参观"平台，通过语音讲解、VR 视频讲解、三维实物展示、展馆虚拟漫游让人们不仅可以通过手机在展厅聆听文物讲解，还可以浏览最新展览内容，探究展品背后的故事，轻松实现将历史文化掌故和先辈劳动成果带回家。

通过云参观，让广大学生增强民族自尊心和自豪感，认识到劳动对于人类文明产生和发展的重要意义，从而树立远大目标，坚定劳动最光荣的价值理念，努力学习知识和技能，做新时代的优秀劳动者。

活动目标

华夏文明一枝花——马庄村

马庄村隶属于江苏省徐州市贾汪区潘安湖街道办事处，地处徐州市东北郊 25 公里处，西邻 104 国道 7 公里、京福高速公路 3 公里，东靠 206 国道 5 公里，南濒京杭大运河 4 公里、京沪高速铁路徐州站 18 公里、观音机场 50 公里，地理位置优越。

改革开放以来马庄村一直致力于发展经济，富裕百姓，优化人居环境，开展丰富多彩的文体活动，打造实力、魅力和谐的社会主义新农村，现全村已形成"夜不闭户、路不拾遗、富裕文明、安乐祥和"的局面，被誉为"华夏文明一枝花"，成为中国新农村建设的一颗璀璨明珠。

1988年马庄村创建了"苏北第一支农民铜管乐团"，已先后为中央、省、市等各级领导来宾、机关部队、厂矿院校等演出6000余场次，1997年参加了中央台的春节联欢晚会，2007年4月应邀赴欧演出并获意大利第八届国际音乐节团体第二名的好成绩，向世界彰显了当代新农民形象。2000年被江苏省表彰为"特色文化团队""服务农民服务基层文化工作先进集体"。农民乐团与市场接轨，促进了全村文化产业化的大发展。

2017年12月12日，党和国家领导人习近平总书记亲临马庄村视察，与当地党员群众亲切交流，为村民特色手工香包点赞，对近些年来马庄村从经济、文化、环境等各方面发生的可喜变化给予了高度肯定。

（1）通过云参观感受马庄村富有文化气息的特色风貌。

图1-31　马庄村文化礼堂

（2）了解马庄村人民半个多世纪以来，薪火相传，勤劳致富，从贫穷矿区成为远近闻名的文化村、富裕村的奋斗历程。

图1-32　马庄村的宣传画廊

（3）通过云参观，真正理解"劳动最美丽"这句话的深刻含义，劳动创造幸福，劳动者拥有改变命运的强大力量，激励广大学生努力学习技能本领，争做新时代的劳动者，创造属于自己的劳动价值。

活动导图

马庄精神美名扬，云参观里看端详。

劳动致富真模范，特色三宝红院墙。

文化兴村新理念，尊师重教传书香。

劳动人民最美丽，不怕风雨不惧霜。

活动实践

图1-33　耕种

（1）绘制云参观路线图：按照从外到内，从整体到局部的顺序，根据自己事先拟定的参观计划，做好标记，做到有目的、有计划、有重点地参观。

（2）通过观看实物，了解马庄村历史文化典故、民俗特色，充分融入当地浓郁的文化氛围。

图1-34　马庄村的特色香包

（3）通过参与官网的网友互动问卷调查，分享个人参观心得体会，提出改进的意见和建议。

 活动提高

（1）演讲比赛：以"劳动的人民最美丽——我眼中的马庄精神"为题，在班内开展演讲比赛，选出优秀作品向全校推广。

（2）思考和讨论：通过云参观我们见证了马庄村半个多世纪以来的沧桑巨变，请思考作为新时代的劳动者，我们要学习马庄劳动人民什么样的品质和精神？

 活动测验

（1）能够制作出图文并茂、规划合理的云参观路线图。
（2）通过云参观能够把对马庄精神的认识从感性上升到理性。
（3）能够积极参与网络互动，发表积极向上的言论，传递正能量。

 活动评价

云参观徐州贾汪区马庄村

序号	任务内容	配分	任务评价		
			自评	互评	师评
1	参观路线绘制	20			
2	参与网络互动	20			
3	发表言论	20			
4	讨论沟通心得体会	20			
5	保护环境爱护文物	20			
6	合计	100			

注：评价按 A（18~20 分）、B（15~17 分）、C（11~13 分）、D（8~10 分）评分

树立劳动安全和健康观

任务描述

　　健康作为人力资本的重要组成部分，是促进人的全面发展的必然要求，也是经济社会发展的基础条件。健康的劳动人口是提升国家和地区经济增长的源动力。劳动人口健康提升将有效缓解老龄化难题，帮助我国实现从"人口红利"到"健康红利"的转变。大部分中职生毕业后将直接走向工作岗位，确立健康第一的劳动观有利于后期工作的持久性，掌握必要的健康锻炼方法与手段是其获取持续劳动的动力之源。

图 1-35　健康中国

图 1-36　健康是小康的基础

任务目标

　　1. 知晓健康对劳动者的意义。

　　2. 掌握健康知识与锻炼方法。

　　3. 树立健康第一的劳动观。

活动 1　探究健康与劳动者的发展关系

活动名称

健康调查

劳动安全卫生防护知识

（1）精力充沛，能从容不迫地应付日常生活和工作的压力而不感到过分紧张。

（2）善于休息，睡眠良好。

（3）应变能力强，能适应环境的各种变化。

（4）能够抵抗一般性感冒和传染病。

（5）即使身体病了内心也会坚强，保持好心情，对生活充满希望。

活动描述

根据自己对父母的了解完成调查表，并根据已掌握的知识对父母的健康水平加以评定；根据父母职业与身体健康的关系，梳理出健康对劳动者的意义与作用。

活动目标

完成对父母的健康调查，剖析健康对劳动者的价值。

活动导图

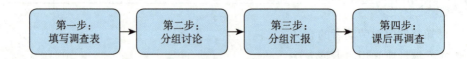

第一步：填写调查表　→　第二步：分组讨论　→　第三步：分组汇报　→　第四步：课后再调查

活动口诀

父母养育恩似海，衣食住行都会管。

回报之路长又长，关注细节少不了。

家人健康勿小视，一点一滴记心间。

掌握知识与技能，多思多践方为上。

活动实践

（1）根据自己的观察完成表1-1相关调查。

表1-1　父母健康调查表

父亲		母亲	
姓　名		姓　名	
年　龄		年　龄	
职业描述		职业描述	
身　高		身　高	
体　重		体　重	
视　力		视　力	
有无疾病		有无疾病	

（2）根据表1-1内容，总结出健康与父母职业之间的关系。

 活动提高

（1）分组讨论

分享自己的调查结论，并认真听取其他同学的分享。

（2）课后作业

想一想，关于健康，你将送给爸爸、妈妈哪些建议？

 活动评价

序号	任务内容	配分	任务评价		
			自评	互评	师评
1	调查问卷内容的完成程度	20			
2	父母健康状况的了解程度	20			
3	健康与劳动者影响的结论	20			
4	小组讨论参与过程中表现	20			
5	撰写感悟总结	20			
6	合计	100			

注：评价按 A（18~20分）、B（15~17分）、C（11~13分）、D（8~10分）评分

活动 2 劳动者健康的影响因素

 **活动名称**

职业病解密

劳动安全卫生防护知识

（1）设置或者指定职业卫生管理机构或者组织，配备专职或者兼职的职业卫生专业人员，负责本单位的职业病防治工作。

（2）制定职业病防治计划和实施方案。

（3）建立、健全职业卫生管理制度和操作规程。

（4）建立、健全职业卫生档案和劳动者健康监护档案。

（5）建立、健全工作场所职业病危害因素监测及评价制度。

（6）建立、健全职业病危害事故应急救援预案。

活动描述

通过资料阅读及网络检索，完成对本专业工作岗位职业病基本表现的梳理，并总结出影响劳动者健康的主要因素。

图 1-37　影响健康的因素

活动目标

通过资料学习，明确职业病与健康之间的关系，梳理出影响劳动者健康的因素，树立健康第一的劳动观。

图 1-38　引发职业病的因素

活动导图

| 第一步：
资料梳理 | → | 第二步：
小组讨论 | → | 第三步：
因素提炼 | → | 第四步：
撰写报告 |

活动口诀

职业岗位种类多，每行每业各不同。
过度工作易得病，拥有健康益处多。
知己知彼走在前，影响因素记心间。
毕业走上工作岗，避免健康倒退挡。

活动实践

（1）分享课前所搜集到的有关职业病的资料。

（2）各小组讨论影响劳动者健康的主要因素。

小组 名称		角色 位次		组内 发言	
发言内容摘录					

（3）各小组代表分享本组讨论结果。

 活动提高

（1）请选取1张图片，就其岗位劳动者的健康影响因素加以分析。

（2）请写出5个关于影响劳动者健康的关键词。

（　　　　　）、（　　　　　）、（　　　　　）、（　　　　　）、（　　　　　）

 活动评价

感知五一劳动节

序号	任务内容	配分	任务评价		
			自评	互评	师评
1	资料分享情况	20			
2	组内讨论情况	20			
3	案例分享情况	20			
4	课堂学习表现	20			
5	撰写感悟总结	20			
6	合计	100			

注：评价按 A（18~20分）、B（15~17分）、C（11~13分）、D（8~10分）评分

活动3　脑力劳动者的锻炼方法

活动名称

开运动处方

劳动安全卫生防护知识

（1）注意运动中自我观察的指标及修订调整运动处方的方法。

（2）防范运动时出现异常。

（3）做好每次锻炼前后必要的准备活动和整理活动。

活动描述

通过资料阅读及网络检索，完成对运动处方相关知识的了解与掌握，并根据提供的范例加以模仿完成相应主题的运动处方。

活动目标

掌握运动锻炼的基本原理，根据不同劳动者设计不同的运动处方。

活动导图

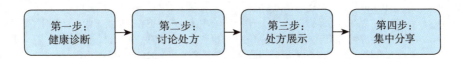

第一步：健康诊断 → 第二步：讨论处方 → 第三步：处方展示 → 第四步：集中分享

活动口诀

健身锻炼要科学，运动处方来帮助。

提前诊断是关键，对症下药才有效。

处方拟定要有序，每项指标少不了。

集体讨论是办法，人人献计才是宝。

活动实践

（1）分享运动处方的知识材料。

（2）小组讨论并拟定运动处方。

表1-2　耐力运动处方范例

姓　名	**	性别	男	年龄	41
健康状况	健康水平良好，没有身体其他疾病困扰，无病史。				
体质状况	身高：177cm	体重：68kg	体脂百分比22.5%（体重/身高*100%）		
	由于长时间的伏案工作，很少参加体育锻炼，最近在操场上跑了几圈，感觉喘不上气来，呼吸困难，虽是低强度，但心跳很快。自身感觉心肺功能适应能力明显下降，于是就对自身进行了一个简单的台阶试验，发现得分指数偏低，呈现在不及格的边缘上。				
靶心率	锻炼时心率保持在130~146次/分钟，或22~25次/10秒左右。低于这个强度，锻炼效果不佳；超过这个强度，有可能会出现一些意外情况给身体造成损伤。				
锻炼项目	①中等速度的平地跑步②俯卧撑③仰卧起坐④仰卧飞鸟⑤悬垂举腿⑥动感单车				
运动强度	平地跑，速度大约为8.78~10.4千米/小时，或146.3~173.6米/分钟，每400米用2分18~44秒，或每分钟走80步；俯卧撑每天50个（早晚做均可），仰卧起坐每天80个（早晚做均可），悬垂举腿12~15个，动感单车5~10分钟（可在热身或结束时做）。				
运动频率	中速跑、仰卧起坐、悬垂举腿、动感单车（3~5次/周）。坚持每周按照运动处方进行周期性有氧运动3次（隔日一次），即可以收到锻炼的效果，如有时间，可每周增加1~2次您所喜爱的活动。俯卧撑、仰卧起坐每天都要做（早晚均可）。				
能量消耗与摄取	每次锻炼的过程中由于运动量比较大消耗体内的能量比较多，因此，每次运动完后要及时地补充能量。可适当补充一些肉类食品（如牛肉，猪瘦肉等），对维生素的需求也不容忽视，多吃些蔬菜水果来补充维生素。				
注意事项	请在锻炼时监测自己的心率/脉搏，使其保持在靶心率范围内。心率测量方法：在运动5~10min后，暂停运动，由桡动脉或颈动脉测量10s脉搏的次数乘以6，按此及时调整运动强度。如果经济条件许可，可使用电子心率计，设置靶心率的上下限，可随时了解运动中的心率，并可在低于或高于靶心率时及时得到提醒。注意平衡饮食，保持健康、乐观的心理状态。以上建议供锻炼时参考，如出现异常现象，请及时向专业人员咨询。				

根据给出的运动处方样本，小组选定某一运动内容进行运动处方的拟定。

表 1-3　运动处方拟定表

姓　名		性别	男	年龄	
健康状况					
体质状况	身高：	体重：	体脂百分比；（体重 / 身高 *100%）		
	整体描述：				
靶心率					
锻炼项目					
运动强度					
运动频率					
能量消耗与摄取					
注意事项					

（3）小组代表解读本组所拟定的运动处方。

活动提高

（1）请列举某种运动锻炼中保护器械的具体功能。
（2）选择某一种运动保护器械对其提出优化建议。

活动评价

序号	任务内容	配分	任务评价		
			自评	互评	师评
1	运动处方知识的梳理情况	20			
2	运动处方内容的制定情况	20			
3	运动处方制定的小组参与	20			
4	活动过程中遵纪情况	20			
5	撰写感悟总结	20			
6	合计	100			

注：评价按 A（18~20 分）、B（15~17 分）、C（11~13 分）、D（8~10 分）评分

第二篇

养成劳动好习惯

任务一 积极参加校园"劳动周"

任务描述

　　养成良好的劳动习惯是职业教育"三全育人"不可或缺的重要一环，在职业学校，课堂上学习的是理论知识和专业技能，而校园劳动周的形式则是理论和实操之外的另外一个有力补充。心理学上有21天养成一个好习惯的说法。因此通过每个学年安排1到2周的校园各个岗位的劳动，让学生体会保卫人员维持校园秩序的认真，保洁人员为清洁校园付出的辛劳，餐厅人员为营养配餐作出的努力，处室人员为服务好学生洒下的汗水对树立劳动观念是很有必要的。实践是检验真理的唯一标准，只有让学生亲身参与了、认识到了、实践了才能形成良好的劳动习惯，并将这种习惯潜移默化地带到今后的学习和工作当中去。

任务目标

　　1. 通过参加校园劳动周的各项活动，养成良好的劳动习惯和劳动意识。

　　2. 通过轮换不同的岗位，提升学生自身的适应环境能力和学习能力。

　　3. 通过组织参与各项活动，密切学生与学校各部门之间的沟通和联系，促进营造文明、和谐的校园氛围。

　　校园劳动周是指由学校根据教学计划，每周统一安排一定数量的班级学生到校园各劳动岗位，停课一周进行的正规化的劳动教育形式。劳动岗位主要包括文明礼仪岗、处室服务岗、卫生保洁岗、餐厅服务岗、校园管理岗等。

　　通过劳动周的德育实践，发挥学校管理育人的职能，能够树立学生正确的劳动观念，培养学生文明知礼、勤劳勇敢、艰苦奋斗的优秀品质，传播正能量，从而推动校园精神文明的建设。

 **文明礼仪监督**

活动名称

争做"文明礼仪岗"

劳动安全卫生防护知识

（1）在进行文明礼仪岗位活动时，要遵守岗位的规章制度，统一穿着文明礼仪岗服装，佩戴绶带、帽子等物品，要听从值班老师的指令和要求，不得擅自离岗，不得追逐打闹。

（2）注意礼让师生，注意自身的仪容仪表，切忌染发、染指甲、浓妆艳抹，佩戴首饰。

（3）向学生讲解文明礼仪知识或劝诫不文明行为时，态度要认真、端正、礼貌、友善，不得与他人发生摩擦，防止出现打架斗殴事件。

（4）分发文明礼仪宣传资料时，注意保护环境，不得随意丢弃资料，防止造成校园环境卫生的污染。

活动描述

中华民族自古以来就非常崇尚礼仪，号称"礼仪之邦"。孔子曾曰："不学礼，无以立"，就是说一个人要有所成就，必须从学礼开始。在人际交往中，讲究礼仪不仅是自尊的表现，而且是对他人的尊重。礼仪在治国安邦、立身处世中具有十分重要的作用。良好的文明礼仪行为，是良好校风、校纪的真实体现。

校园文明礼仪岗的创建，是校园文化内涵建设的一种展示，更是学校文明礼仪教育的一种形式。学生通过文明礼仪志愿活动实践，在校园公共场所，如教学楼、图书馆、食堂、宿舍等，引导文明礼仪行为，维持公共场所秩序，纠正和劝诫不良行为等，可以帮助广大学生增强文明礼仪修养，注重自身言行和仪容仪表，提升人际交往能力，提高思想道德修养，对构建和谐社会、和谐校园具有重要意义。

活动目标

（1）引导学生在文明礼仪服务实践中，通过对不文明行为进行耐心纠正和劝诫，引导学生讲文明、懂礼貌，自觉遵守校规校纪，注重仪容仪表、尊敬师长，共建文明校园。

（2）提升学生严于律己、宽以待人的文明礼仪修养。

（3）培养学生遵守校规校纪、尊敬师长的自律意识。

（4）提升学生人际交往的能力，正确处理自己与他人的关系。

 活动导图

| 第一步：文明礼仪知识培训——学习基本知识 | 第二步：设立文明礼仪岗——在校园不同区域宣传文明礼仪知识 | 第三步：分组分区值勤——劝导不文明行为，进行文明礼仪教育 | 第四步：文明礼仪实践——帮助他人，践行礼仪 | 第五步：分享感悟——记录礼仪实践活动感想，升华感悟，知行合一。 |

活动口诀

中华美德礼当先，文明礼仪永流传。

恭谨礼貌待师长，真诚友好无波澜。

自信遵规严律己，诚实守信待人宽。

校园礼仪新风尚，文明之花香满园。

活动实践

（1）学习文明礼仪知识。首先以班级为单位，认真开展文明礼仪主题教育班会，在全校范围内，普及礼仪教育。其次就学生礼仪志愿服务实践过程中的注意事项提出要求。

图 2-1　学习文明礼仪

（2）设立文明礼仪岗。抽调30名值周学生，组建文明礼仪队。开展了"文明出行""文明用语""文明环保"专项行动，对走主干道不走人行道、语言不文明、随意乱丢垃圾、不遵守校规等不文明的学生，进行劝导和教育。在校园不同区域宣传文明礼仪知识。

图 2-2　宣传文明礼仪

（3）分区分组值勤。在老师的带领下，安排学生到不同的区域岗位进行文明礼仪志愿实践活动，劝导不文明行为。

图 2-3　劝导不文明行为

（4）文明礼仪宣传。学生分组进行文明礼仪知识宣传，践行礼仪教育。

图 2-4　宣传践行礼仪

💡 活动提高

（1）纠正不良行为。劝导不文明行为，引导学生遵守校规校纪，保证校园文明礼仪新风尚。

图 2-5　遵守校规

（2）提供爱心服务。帮助残疾学生，为他人提供力所能及的帮助，让文明之风、和谐之风盛行。

图 2-6　互相帮助

（3）总结表彰感想感悟。对文明礼仪实践服务活动进行总结和表扬，评选出优秀的学生代表，学生对自己的志愿活动进行总结，老师对学生的表现进行点评。

图 2-7　感想感悟

 活动测验

（1）文明礼仪知识要掌握，宣传资料内容要牢记。

（2）文明礼仪实践内容和流程要熟悉。

（3）宣讲文明礼仪知识时应礼貌。

（4）劝导不文明行为时应礼貌、耐心、正确，切忌发生冲动行为。

（5）向学生提供爱心服务时应热情、礼貌。

 活动评价

序号	任务内容	配分	任务评价		
			自评	互评	师评
1	文明礼仪知识掌握程度	20			
2	对活动流程掌握程度	20			
3	宣讲文明礼仪知识表现	20			
4	劝导不文明行为的表现	20			
5	向学生提供服务的表现	20			
6	总计	100			
注：评价按 A（18~20分）、B（15~17分）、C（11~13分）、D（8~10分）评分					

活动 2　处室服务岗

💬 **活动名称**

感受"处室服务岗"

✅ **劳动安全卫生防护知识**

（1）在进行处室服务岗位活动时，要遵守岗位的规章制度，统一佩戴绶带、袖章等物品，要听从值班老师的指令和要求，不得擅自离岗，不得追逐打闹。

（2）注意自身的仪容仪表，切忌染发、染指甲、浓妆艳抹、佩戴首饰。

（3）掌握礼貌的待人接物的方式，处理好师生关系，主动帮助老师做一些力所能及的工作。

（4）积极学习所服务岗位的工作职责和要求，严格听从指导老师的工作安排，不断提升自我，强化学习，锻炼能力，提升素养。

💬 **活动描述**

"自我管理、自我教育、自我服务"是学生教育管理的有效形式，也是学生管理的新实践。处室服务岗的实践活动，按照"部门申报，统一安排，按需分配，属地管理"的原则，让学生到学校的相关处室等部门，做力所能及的事，在管理的过程中教育自己，提升自己。

处室服务岗的设置，既是学校工作的所需，也是学生进行自我管理、自我教育、自我服务的"三自教育"的重要体现。学生提前体验工作，既要了解不同岗位的知识，又要处理好师生关系，在为人处世中锻炼综合能力，历练工作职场，强化专业学习。学生在工作体验中，一方面提升了人际交往能力，另一方面也锻炼了处理突发事件的能力，强化理论和实践的有机结合，提升职业素质和职业能力，为毕业后更好地走向社会、服务社会打下坚实的基础。

🎯 **活动目标**

（1）引导学生在处室岗位服务实践中，通过对工作岗位知识的学习，引导学生利用专业特长服务，锻炼自我、提升自我。

（2）培养学生不断研究、不断思考、不断进取的学习意识。

（3）培养学生遵守校规校纪、尊敬师长的自律意识。

（4）提升学生人际交往的能力，正确处理自己与他人的关系。

活动导图

| 第一步：处室服务知识培训——学习基本知识 | → | 第二步：设立处室服务岗——按照岗位需求和所学专业，进行人员分配 | → | 第三步：具体岗位专业知识的培训——所需岗位的专业知识的详细培训和学习 | → | 第四步：工作提升——及时向指导老师请教所遇困难，找到解决方法 | → | 第五步：工作总结——记录工作感受，反思不足，分享感悟 |

活动口诀

校园劳动重实践，处室服务添新篇。
岗位设置要申报，按需分配事不难。
勤动嘴来勤跑腿，虚心请教师长欢。
提升技能拓眼界，职场劳动真历练。

图 2-8　在校学生资助中心整理材料

活动实践

（1）学习基本知识：培训处室服务的基本知识，包括待人接物的知识、人际交往的知识、公文处理邮件发送的知识等，并就学生处室服务实践过程中的注意事项提出要求。

（2）按照岗位需求和所学专业，进行人员分配，并就具体岗位工作职责进行详细培训。

（3）熟悉岗位职责和业务，细心工作，及时请教，提升自我。

图 2-9　劳动周学生在售卡中心服务

活动提高

（1）实战训练：为尽快进入工作角色，按照工作流程细致工作，遇到困难及时请教老师，找寻解决方法。

图 2-10 在校党政办公室做档案整理

（2）分享感悟——记录工作感受，反思不足，分享感悟，提升自我。

图 2-11 了解学生劳动周情况

活动测验

（1）处室服务知识要掌握，工作岗位内容和流程要牢记。

（2）待人接物应礼貌、耐心、正确，尊敬师长。

（3）及时处理难题，多请示多汇报。

（4）处理突发事件时，切忌发生冲动行为。

 活动评价

序号	任务内容	配分	任务评价		
			自评	互评	师评
1	处室服务知识掌握程度	20			
2	岗位要求、流程掌握程度	20			
3	待人接物能力的表现	20			
4	人际交往、组织协调能力	20			
5	处理突发事件的表现	20			
6	总计	100			

注：评价按 A（18~20分）、B（15~17分）、C（11~13分）、D（8~10分）评分

活动 3　卫生保洁

活动名称

坚守"卫生保洁岗"

劳动安全卫生防护知识

（1）穿着统一服装、佩戴劳动周的徽章和帽子。

（2）听从值周老师、班主任老师的统一安排，严格请假制度，不得擅自离岗，有事离开要提前报备，向值周老师请示。

（3）劳动中要注意根据天气和实际情况做好自身防护，戴好手套，不要用手直接接触消毒剂、洁厕灵等带有腐蚀性的液体。

（4）在公共区域劳动时，要注意交通安全和工具的使用安全。

（5）注意文明礼貌，注意礼让师生，注意自身的仪容仪表，切忌染发、染指甲、浓妆艳抹、佩戴首饰。

（6）劳动过后及时集中存放劳动工具，清点归位，做好和下一组值周学生的交接工作。

活动描述

　　菁菁校园，花径绕树，草长莺飞，花色缤纷，美不胜收。校园是职校生生活和学习的重要场所，也是学生行为习惯养成的重要场所，更是孕育工匠人才的摇篮。只有干净整洁的环境才能传承工匠精神，因此让学生开展校园卫生保洁劳动，在实践中认识到干净环境对学习和生活的影响，也是学校良好精神面貌的体现。

图 2-12　清扫校园

　　卫生保洁岗的设立，可以在劳动实践中磨炼学生吃苦耐劳、艰苦奋斗的品质，提升学生自我管理、自我服务的能力，提升人际交往的能力，培养乐观积极的心态。学生通过卫生保洁劳动，能够体会到"岁月静好"背后保洁阿姨的辛苦付出，学会珍惜别人的劳动成果，强化环保意识，在实践中学会共情成长，更加理性地管理情绪，提升学生细致入微的观察力，有助于个人心理健康的调试。

活动目标

（1）认真了解卫生保洁岗的劳动任务和工作区域。

（2）认真学习垃圾分类的相关知识。

（3）做好防护，加强自我防护和安全意识。

（4）通过卫生保洁劳动，培养吃苦耐劳的品质。

（5）制作微信推送，在学校微信公众号等媒体平台上进行广泛宣传，传播正能量。

活动导图

第一步：了解保洁区域和劳动任务 → 第二步：做好自我防护，领取保洁工具 → 第三步：打扫卫生，消杀公共区域 → 第四步：摆放车辆、垃圾分类、清运垃圾 → 第五步：归还工具，做好保洁记录 → 第六步：分享感悟，反思不足

活动口诀

菁菁校园是我家，清除杂草爱护它。

果皮纸屑要带走，仔细清扫不困乏。

垃圾分类我做起，预防疾病要消杀。

车棚摆放真齐整，办好学校靠大家。

图 2-13　打扫宿舍卫生间

 活动实践

（1）准备工作。

了解保洁区域和任务，领取保洁工具，做好防护措施。

（2）校园保洁。

分步骤进行卫生保洁，做好消杀，垃圾分类，清运垃圾。

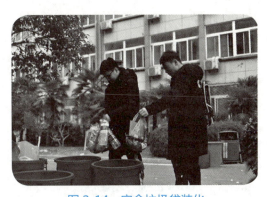

图 2-14　宿舍垃圾袋装化

 活动提高

（1）强化环保意识。学生通过卫生保洁、垃圾分类，强化环保意识，自觉将校园保洁的意识厚植于心。

（2）分享感悟。学生对保洁过程进行总结，反思不足，值周老师对学生的参与表现进行点评。

图 2-15　公共区卫生保洁

 活动测验

（1）保洁卫生知识和安全防护要牢记。

（2）保洁区域和流程要熟练掌握。

（3）垃圾分类的知识要牢记。

（4）保洁过程要认真、细致。

（5）保洁过程注意观察、思考并记录异常情况，及时上报。

（6）保洁过程要遵守值周纪律，注意礼让师生，礼貌服务。

（7）保洁结束后，反思不足，总结自己的感悟。

 活动评价

序号	任务内容	配分	任务评价		
			自评	互评	师评
1	保洁卫生和安全防护知识	20			
2	保洁流程的掌握程度	20			
3	垃圾分类知识的掌握程度	20			
4	保洁过程执行	20			
5	处理突发情况时的表现	20			
6	总计	100			
注：评价按 A（18~20 分）、B（15~17 分）、C（11~13 分）、D（8~10 分）评分					

活动 4　餐厅实践

 活动名称

立足"餐厅实践岗"

劳动安全卫生防护知识

（1）穿着统一服装、佩戴劳动周的徽章和帽子。

（2）听从值周老师、班主任老师的统一安排，严格请假制度，不得擅自离岗，有事离开要提前报备，给值周老师请示。

（3）劳动中要根据实际情况做好自身防护，戴好手套，注意刀具的正确使用和收纳，防止划伤，不要用身体直接接触灶台明火等。

（4）注意文明礼貌，注意礼让师生，注意自身的仪容仪表，切忌染发、染指甲、浓妆艳抹、佩戴首饰。

（5）劳动过后及时集中存放劳动工具，清点归位，做好和下一组值周学生的交接工作。

活动描述

整洁、卫生的餐厅环境，能够给广大师生提供安全放心的就餐条件。餐厅工作，不仅是学校后勤饮食工作的重要环节，更是"民以食为天"的重要体现。学生在进行餐厅工作的同时，作为服务者的角色与领导、老师及其他同学接触，促进良好人际关系的达成，吃苦耐劳、自强自立的精神品格也在进一步养成，并且在劳动实践中进一步体察到"一粥一饭当思来之不易，半丝半缕恒念物力维艰"的深刻内涵，发扬勤俭节约的良好风尚。

活动目标

（1）认真了解餐厅实践岗的劳动任务和工作区域。

（2）做好防护，加强自我防护和安全意识。

（3）通过餐厅实践劳动，培养吃苦耐劳的品质。

（4）能够妥善处理好突发事件，并能沉着稳定地处理。

（5）掌握礼貌的待人方式，提升服务品质。

（6）总结劳动实践的成果和不足，并在班会课上进行分享。

活动导图

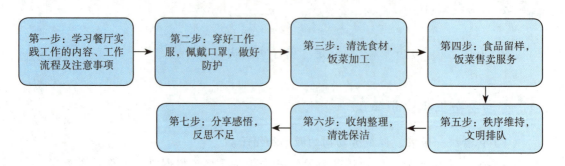

第一步：学习餐厅实践工作的内容、工作流程及注意事项 → 第二步：穿好工作服，佩戴口罩，做好防护 → 第三步：清洗食材，饭菜加工 → 第四步：食品留样，饭菜售卖服务

第七步：分享感悟，反思不足 ← 第六步：收纳整理，清洗保洁 ← 第五步：秩序维持，文明排队

活动口诀

自古民以食为天，餐厅岗位要实践。

安全防护做到位，口罩消杀配备全。

文明就餐礼当先，减少浪费请光盘。

微笑服务切莫忘，烹饪色香味更鲜。

活动实践

（1）准备工作：熟悉工作岗位流程和内容，按组划分工作区域，穿好工作服，佩戴口罩，做好防护工作。

图 2-16　学习后厨工作

（2）后厨工作：清洗食材，饭菜加工。

图 2-17　食材的处理和加工

（3）前台服务：售卖服务、维持秩序。

图 2-18　售卖服务

图 2-19　收拾餐具

（4）清洗工作：清洗碗筷，清扫桌面和地面，卫生消毒。

图 2-20　清洗工作 a

图 2-21　清洗工作 b

💡 活动提高

（1）文明就餐。通过引导学生文明就餐、文明排队、光盘行动、餐后收纳等行为，倡导文明就餐新风尚，践行勤俭节约的优良品质，提升思想道德修养。

图 2-22　文明就餐督导

（2）分享感悟。学生对餐厅实践过程进行总结，反思不足，值周老师对学生的表现进行点评。

图 2-23　分享感悟

 活动测验

（1）餐厅管理服务知识和安全防护要牢记。

（2）餐厅工作区域和流程要掌握熟练。

（3）佩戴口罩，穿好工作服，做好消杀。

（4）食材加工过程要认真、细致，严格按照卫生标准进行。

（5）清洗、加工过程注意观察、思考并记录异常情况，及时上报。

（6）饭菜留样以备食品卫生检查。

（7）窗口售卖要微笑服务，注意礼让师生，有礼貌。

（8）引导学生文明就餐、文明排队。

（9）收纳整理、清洁桌面、地面和碗筷，卫生消毒。

（10）实践结束后，反思不足，总结自己的感悟。

 活动评价

序号	任务内容	配分	任务评价		
			自评	互评	师评
1	保洁卫生和安全防护知识	20			
2	引导文明就餐时的表现	20			
3	收纳整理、清洁工作的卫生情况	20			
4	处理突发状况时的表现	20			
5	引导文明就餐时的表现	20			
6	总计	100			

注：评价按 A（18~20分）、B（15~17分）、C（11~13分）、D（8~10分）评分

 **活动 5 校园管理**

💬 活动名称

奉献"校园管理岗"

✅ 劳动安全卫生防护知识

（1）认真了解校园管理工作的任务和流程，适时根据工作动态调整工作内容。

（2）穿着统一服装、佩戴劳动周的徽章和帽子。

（3）听从值周老师、班主任老师的统一安排，严格请假制度，不得擅自离岗，有事离开要提前报备，向值周老师请示。

（4）注意自身的仪容仪表，切忌染发、染指甲、浓妆艳抹、佩戴首饰。

（5）掌握礼貌的待人方式，提升服务品质。

（6）能够妥善处理好突发事件，并能沉着冷静地处理。

（7）总结劳动实践的成果和不足，并在班会课上进行分享。

（8）制作微信推送，在学校微信公众号等媒体平台上进行广泛宣传，传播正能量，引导更多的学生参与到校园管理工作中来。

活动描述

　　劳动教育是立德树人的重要组成部分，教育引导青年学生把劳动作为立身之基，靠劳动筑梦、圆梦十分重要。校园管理岗的设立，是学生进行自我管理、自我督促、自我提升的重要途径，也是学生建立生活认知和服务他人的重要渠道。学生进行校园管理工作的同时，作为服务者的角色与领导、老师及其他同学接触，促进良好人际关系的达成，吃苦耐劳、自强自立的精神品格也能进一步养成。劳动是财富的源泉，劳动光荣、崇高、伟大，学生在劳动实践中，不断追求着甘于奉献、淡泊名利、艰苦奋斗、创新的伟大劳动精神，必将引领学生在工匠技能方面实现自我价值。

活动目标

（1）检查校园中存在的不文明现象和违反规章制度的行为。

（2）劝诫引导学生讲文明，自觉遵守校规校纪。

（3）梳理统计不服从管理的行为，培养学生遵守校规校纪的自律意识。

活动导图

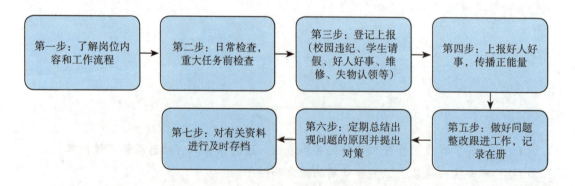

活动口诀

校园管理繁而杂，耐心细心就不怕。

日常检查腿脚勤，登记汇报不放下。

好人好事多表扬，整改跟进勤检查。

分析原因提对策，师生满意笑哈哈。

活动实践

（1）准备工作。熟悉工作岗位流程和内容，穿着统一服装、佩戴劳动周的徽章和帽子。

（2）日常检查。检查校园违纪、校园保洁、校园维修、突发事件等事件，及时上报。

（3）登记上报。校园违纪、学生请假、好人好事、维修、失物认领等。

图 2-24　登记上报

（4）整改跟进。做好问题整改跟进，分析原因提出对策。

（5）记录在册。及时总结反思对有关资料进行及时存档。

图 2-25　记录在册

💡 活动提高

（1）好人好事上报宣传。传播正能量，树立良好文明新风尚。

图 2-26　做助人为乐的好学生

（2）总结分析原因，提出对策。锻炼综合能力，提升分析、研判的思维能力。

图 2-27　帮忙整理快递

（3）分享感悟。学生对校园管理实践过程进行总结，反思不足，值周老师对学生的表现进行点评。

图 2-28　分享感悟

 活动测验

（1）校园管理服务知识要牢记。

（2）校园管理工作区域和流程要掌握熟练。

（3）穿戴统一服装，佩戴帽子和袖章。

（4）日常检查，要严格认真。

（5）异常情况及好人好事，及时上报。

（6）整改跟进要记录在册。

（7）好人好事要及时宣传。

（8）定期总结，分析原因，提出对策。

（9）有关资料及时整理存档。

（10）实践结束后，反思不足，总结自己的感悟。

活动评价

序号	任务内容	配分	任务评价		
			自评	互评	师评
1	工作流程和注意事项的掌握	20			
2	穿戴统一服装	20			
3	日常检查上报、整改跟进	20			
4	好人好事的宣传情况	20			
5	总结归档的情况	20			
6	总计	100			
注：评价按 A（18~20分）、B（15~17分）、C（11~13分）、D（8~10分）评分					

传承家庭劳动美德

任务描述

　　父母和家庭是培养和教育孩子最重要的人和环境。好的家风能够得以代代传承。传承家庭劳动美德，就是要从小做起，从小事做起，通过做家务、合理规划家庭收入支出、为父母制作礼物以尽孝道等形式，用一种独特的表达方式，证明自己作为家庭的一分子，强烈的主人翁意识、独立意识和责任意识，并且把这种热爱劳动的美德，传递和感染身边的每一个人。

任务目标

　　1. 摆脱依赖心理，养成独立的生活习惯，提高自律能力。
　　2. 培养理性的消费和理财观念，懂得如何保持收支动态平衡。
　　3. 培养感恩之心，增进与父母间的相互理解与沟通。

 **争做家庭劳动好帮手**

💬 **活动名称**

打扫家庭卫生

🛡 **劳动安全卫生防护知识**

　　（1）戴好手套，做好防护，不要用手直接接触消毒剂、洁厕净等有腐蚀性的液体。
　　（2）高层住户擦拭阳台玻璃时，切忌将身体探出窗外，谨防不慎跌落。
　　（3）不要用湿布擦拭电视机或电脑显示器屏幕、电源插座等，防止出现触电危险。
　　（4）清理完毕后，注意开窗通风，除尘去味。

活动描述

"5S现场管理法"是现代企业的经典管理模式，5S即整理、整顿、清扫、清洁、素养，又被称为"五常法则"。

家庭是职校学生养成良好的行为习惯和责任意识的重要育人环境，因此通过让他们承担一定范围和强度的家庭劳动，在实践中认识到整理、整顿、清扫等要素对于今后走上职场、融入工作环境的重要意义。

活动目标

（1）教育学生参加力所能及的家务劳动，自己的事情自己做，培养生活自理能力和动手操作、自我控制能力。

（2）培养吃苦耐劳、艰苦奋斗的劳动观念。

（3）培养合理规划、分步实施的劳动素养。

活动导图

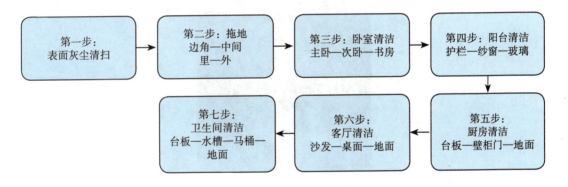

活动口诀

劳动实践悟门道，家庭卫生先搞好。

表面灰尘先除去，拖地里外顾边角。

卧室阳台到厨房，分步实施很重要。

客卫先后讲顺序，窗明几净我自豪。

活动实践

（1）劳动准备。在打扫开始前，仔细查看各房间、各场室的卫生情况，根据具体

　　情况做好清扫的规划，包括打扫顺序、所需工具、重点打扫区域打扫方法等。

　　（2）劳动实施。按照事先规划分步进行打扫，注意静电、扬尘、清洗剂挥发等可能引发的问题，注意安全，打扫仔细，不留卫生死角。

 活动提高

　　（1）心得交流：结合古人名言"一屋不扫，何以扫天下"这句话，与老师和同学们沟通自己在劳动实践过程当中的感悟，加深对于家庭责任感的认识，老师适时予以点评。

　　（2）思考和讨论：作为现代企业高技能人才，通过哪些日常工作中的细节提升自身的职业素养？

 活动测验

　　（1）规划合理，准备充分，工具齐全。

图 2-29　家庭清扫工具

　　（2）玻璃。目视无水痕、无手印，光亮洁净。

图 2-30　擦玻璃

（3）卫生间。洁具光亮洁净，地面无死角、无异味。

图 2-31　拖地

（4）厨房。墙体、地面、台板洁净无油污，厨具摆放整齐。

（5）客厅、卧室。墙壁无尘土，灯具洁净，空调出风口无灰尘、无胶点。

图 2-32　推拉门的连接处要仔细擦拭

活动评价

序号	任务内容	配分	任务评价		
			自评	互评	师评
1	安全防护知识	20			
2	家具清洁及地面清扫	20			
3	玻璃擦拭	20			
4	物品摆放	20			
5	心得感悟分享交流	20			
6	总计	100			

注：评价按 A（18~20分）、B（15~17分）、C（11~13分）、D（8~10分）评分

活动 2 做个家庭理财小能手

活动名称

制定家庭理财计划

劳动安全卫生防护知识

（1）不要参与网络借贷，不要相信许诺低风险高回报的理财产品。

（2）经常更换微信、支付宝、QQ 钱包等支付平台的密码，有条件的可以购买账户安全险，谨防个人信息泄露，造成财产损失。

（3）要留取应急资金，以备不时之需。

活动描述

理财的意义在于给家庭带来更多的安定感，使家庭财产在安全性、稳定性、增值性和减少非预期性等方面尽可能地实现最大化。古语有云，"凡事预则立，不预则废"。如何正确地对家庭财产进行分析和评估，合理安排收入和支出，是每个家庭成员都需要去思考和探讨的问题，因此，制定家庭理财计划也就成为题中应有之义。

活动目标

（1）保住本金是家庭理财的首要目标。

（2）学会使用网络记账工具，记日常流水账。

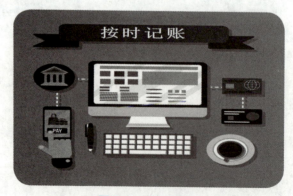

图 2-33　按时记账

（3）学会以一定时间节点（周、月、季度等）为单位进行收支规划。

图 2-34　理财让财富增值

（4）妥善考虑投资增值，防范重大财务风险。

图 2-35　提防电信诈骗

表 2-1　家庭明细收支表

家庭明细收支表								
月份	菜、零食、水果、衣服	日常用品	厨房用品	交通、话费	教育、医疗	房贷、还款	人情往来	收入	备注
1 月									
2 月									
3 月									
4 月									
5 月									
6 月									
7 月									
8 月									
9 月									
10 月									
11 月									
12 月									

活动导图

学习理财知识 → 制定理财计划 → 按时记账 → 考虑投资方案 → 定期汇总分析

活动口诀

家庭理财心要细，日常生活排第一。
当家方知油盐贵，量入为出最合理。
勤俭持家应牢记，结余投资是预期。
风险把控有策略，落袋为安心不急。

活动实践

（1）制作和填写明细收支表：按照月份，根据自己收入的大致情况和日常主要支出的项目列出明细，做到心中有数，量入为出，备注里主要用于填写一些计划外的收入和支出项目，以便在年终统计汇总时比对。

（2）学会使用记账工具：随着智能手机的普及，日常记账有多款APP可以选择，例如交通银行的"沃德理财"，微信小程序中的"腾讯理财"等，都可以用于日常记账，并定期发送个人资产分析评估报告，为资产保值增值提出合理建议。

活动提高

（1）主题沙龙。围绕家庭理财这个主题，说说本人在制定收支计划、学会日常记账前后，在个人理财意识和消费习惯方面有哪些改变？有什么收获？对于家庭资产增值保值，有什么好的建议？

（2）思考和讨论。信息时代，各种网络理财和借贷陷阱层出不穷，校园贷、套路贷的案例比比皆是，作为职校学生，我们如何擦亮眼睛，防范网络诈骗？

活动测验

（1）能够将收入、支出、存款等列一个详细的清单，理清家庭实际财务状况。

（2）理财目标积极，并且符合实际。

（3）正确认知自身风险偏好，实现资产稳定保值增值。

图 2-36　财富让生活更有幸福感

 活动评价

序号	任务内容	配分	任务评价		
			自评	互评	师评
1	理清基本收支状况	20			
2	列出主要收支项目	20			
3	财务风险应对措施	20			
4	家庭理财主题沙龙	20			
5	撰写感悟总结	20			
6	总计	100			

注：评价按 A（18~20 分）、B（15~17 分）、C（11~13 分）、D（8~10 分）评分

活动 3　做个礼物贺父母

活动名称

家用电饭锅制作蛋糕

劳动安全卫生防护知识

（1）使用前先检查电饭锅进水阀是否开启，排污阀是否关闭。

（2）制作完毕，切记要将锅内蒸汽完全放完再开锅盖，以免烫伤。

（3）使用过程中发生故障，应先切断电源再检查故障，最好通知专业人员来检修。

（4）清理锅体时，切忌直接放到水龙头下冲洗，容易导致电路受潮漏电。

活动描述

古语有云，唯美食与爱不可辜负。课余时光，能够在家里自己动手制作蛋糕，与父母分享美味，体验成功的喜悦，与此同时，也能够通过食材的选择和调配、工具的正确使用、时间和火候的把握等制作过程，提高劳动实践的能力，用自己的实际行动回报父母的养育之恩。

图 2-37　制作草莓蛋糕

活动目标

（1）掌握家用电饭锅制作蛋糕的基本步骤。

（2）强化劳动体验，理解父母把自己养育成人付出的辛劳。

（3）提高动手能力，培养创新意识，提高解决问题的能力。

活动导图

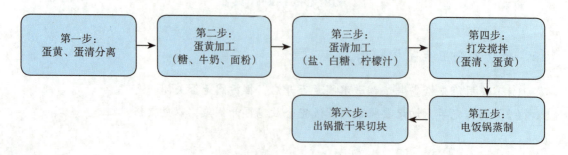

活动口诀

> 做道美食敬父母，手工蛋糕最靠谱。
> 蛋水面糖配料全，混合拌匀搅成糊。
> 锅内抹油轻注入，看色用火控温度。
> 做成家人共分享，体验劳动知辛苦。

活动实践

（1）劳动准备。家庭烘焙制作是一项实践性和技巧性都比较强的工作，因此要求制作前，必须将所需工具、原料和制作流程谙熟于心，尤其要了解用火、用电、用气的安全防护知识。

（2）制作过程。无论在蛋清蛋黄分离，还是进锅蒸制、出锅切块装点，各个环节都要求专注细致，浓度、力度、火候尽力做到恰到好处，做成后可搭配以奶制品、粗粮粥等，补充膳食纤维等更加丰富的营养成分美食。

活动提高

（1）融洽亲情，更加独立。进一步增加与家人之间的沟通和交流，传承和发扬中华民族孝老爱亲的优良传统，培养"自己动手，丰衣足食"的独立生活作风。

（2）勇于创新，敢于实践。通过本次劳动，提高创新意识和探索精神，勇于尝试其他形式的烘焙糕点，更加合理地搭配食材，让家人吃得更营养、更健康。

活动测验

（1）熟悉制作流程，把握重点、难点。

图 2-38　家庭烘焙

（2）搅拌充分，水、面和糖的混合比例适中。

图 2-39　制作蛋糕的程序

（3）油量适中，口感不腻，切块整齐均匀。

图 2-40　诱人的蛋糕

活动评价

序号	任务内容	配分	任务评价		
			自评	互评	师评
1	蛋黄蛋清分离加工	20			
2	打发搅拌	20			
3	电饭锅蒸制出锅	20			
4	尝试创新其他种类	20			
5	撰写感悟总结	20			
6	总计	100			
注：评价按 A（18~20 分）、B（15~17 分）、C（11~13 分）、D（8~10 分）评分					

家庭劳动实践报告

一、实践目的

作为当代职校生，我们应该正确认识劳动的目的和意义，树立正确的劳动价值观，掌握基本的劳动知识和技能。实践目的是通过劳动实践感受劳动的乐趣，而不是因此厌恶劳动，或者错误地认识劳动。通过劳动实践活动，懂得劳动的不易，更加珍惜来之不易的劳动成果。

二、实践时间

2020 年 8 月 10 日—2020 年 8 月 25 日

三、实践地点

家中。

四、实践内容

积极主动地承担家务，为父母减轻负担。

1. 扫地、拖地

用扫帚和垃圾铲把整间屋子认认真真地打扫一遍。其实我也曾经试过不仔细打扫，但后果是之后拖地会拖出很多灰尘，而且会沾在地板上，很难清理干净，这样做得不偿失，所以，为了之后可以更轻松，要在前期就做到认真、仔细。

2. 拖地

我先拿来一个小桶，在里面灌满水，把拖把放在里面浸湿；接着，我把拖把拧干，直到水不流出来为止。然后，我用两手握住拖把，把地板从左往右拖了一遍，然后又从上到下拖了一遍。之后，我把拖把浸在水里，灰尘都沉入水底，水面上浮现出淡淡的灰色，我把拖把放在水里搅了一下，然后拿起来拧干。最后，我又再次按着顺序拖了一下地板，确定干净后，把小桶和拖把洗干净放回原处。

3. 洗衣服

平时从里到外的衣服都是妈妈帮着打理的我，在这次家庭劳动中学会了用洗衣机洗衣服。刚开始的时候我比较兴奋，什么衣服都往洗衣机里塞，恨不得把身上穿着的衣服也脱下来放进洗衣机里洗一洗，结果把我最喜欢的一件衣服染色了。这是一个很有教训意义的家务事故！但吃一堑长一智，从那以后我开始学习了一些清洗和整理衣物的小妙招。比如，要把不同色系的衣物分开洗；不同原料的衣物也要分开洗；尽量将经常穿的衣服摆放在衣橱明处，这样不至于在每次找衣服的时候把衣橱翻乱。

4. 做饭

我在劳动过程中学会了一道菜——香葱炒蛋。做这道菜，需要准备香葱、鸡蛋、盐、鸡精等材料。首先，要把香葱切碎，把鸡蛋打碎放入碗中；然后把香葱末放进鸡蛋中，搅拌均匀，加上盐、鸡精等配料；在锅中放入油，加热到 70—80°C，把香葱鸡蛋糊倒入锅中，用大火炒 3—5 分钟，就熟了。最后，把炒好的鸡蛋盛入碗中，一道美味可口的香葱炒蛋就做好了。

五、实践心得

我通过家庭劳动实践活动明白了，做任何事都要持之以恒，要充分发挥吃苦耐劳的精神，正视一切挫折与困难，劳动只靠学习课本知识是远远不够的，我们应当投身社会实践，去丰富我们的人生阅历。世上无难事，只怕有心人。只要肯付出辛勤的劳动，就一定会有所回报的。作为中职生，我深刻地明白了劳动既是人类创造并积累财富的过程，也是人类自我创造、自我完善的过程。人的自身价值的实现与其劳动价值观密不可分，正确的劳动观念是人们自强不息、生存发展不可或缺的内在动力。

任务三　高举新时代志愿者旗帜

任务描述

"奉献、有爱、互助、进步"是新时代青年志愿者的口号，正如当年红遍大江南北的歌曲中唱到"只要人人都献出一点爱，世界将变成美好的人间"。随着时代的发展和科学技术的进步，志愿服务体系是否完善，志愿服务者是否专业，公民志愿服务的人数和时长越来越成为衡量一个国家文明程度的重要指标。新时代呼唤新青年扛起新使命，在众多志愿服务先锋榜样的引领下，积极投身公益事业，做一名光荣的志愿者，为建设文明和谐社会贡献应有的力量。

任务目标

1. 深刻理解志愿服务精神的内涵和实质，立志投身志愿服务行列。

2. 学习志愿服务的相关法律政策，遵守相关规章制度。

3. 通过参与志愿服务学习掌握交通疏导、医疗急救、防震逃生、火警处置等专业技能。

活动 1　弘扬志愿者服务精神

💬 **活动名称**

志愿者服务

☑ **劳动安全卫生防护知识**

（1）志愿者必须遵守国家的有关法律、法规和志愿者各项规章制度。

（2）志愿者在工作和生活中，应遵守纪律和有关规定，听从指挥、服从管理。发现和发生影响人身安全的情况时，应及时报告。

（3）在劳动中，要严格遵守安全规章制度，注意饮食卫生，注意防火、防盗等，保证自身的人身、财产、交通安全，防止各种事故的发生。

（4）自觉抵制邪教、黄赌毒等不法行为。

📊 **活动描述**

志愿服务活动与志愿者精神符合现代的道德规范，获得了社会的积极评价。志愿服务虽然不计报酬，但收获了心灵的净化，提升了社会、集体和他人对自己的道德评价，这对个人成长而言具有非常重要的意义。

开展学唱《志愿者之歌》、讲志愿者故事、谈自我感想三个活动，让学生理解志愿者服务精神内涵，达成"志愿服务人人可为、事事可为、时时可为"的一个共识。

图 2-41　志愿者服务精神

活动目标

（1）通过唱《志愿者之歌》，让学生知道"我为人人、人人为我"的志愿者理念，增强学生的社会责任感、奉献精神和公民意识。

（2）通过讲述志愿者事迹，深刻理解"奉献、友爱、互助、进步"是志愿者共同的追求，"助人自助，乐人乐己"是志愿者共同的情怀，营造倡导、弘扬、践行志愿服务精神的氛围。

（3）通过谈感悟，达成"志愿服务人人可为、事事可为、时时可为"的一个共识。

图 2-42　志愿服务理念

活动导图

活动口诀

社会治理主人翁，志愿服务勇践行。

力所能及多劳动，捐资助困慰英雄。

环保清洁倡文明，防止诈骗安民生。

结合专业做贡献，体察社会送温情。

活动实践

1. 学唱一首歌。

共同学习歌曲《青年志愿者之歌》，从歌词中体会志愿者精神。

《青年志愿者之歌》歌词

伸出你的手，初次相识却已是朋友

放飞和平鸽，蓝天大地响彻我的问候

我们是青年志愿者，用奉献共创温馨家园

我们是青年志愿者，用爱心把旗帜铸就

青春似火，青春闪光，

青春无悔，青春不朽，青年志愿者

挽起你的手，风雨同舟并肩向前走

放歌新时代，五湖四海接受新神州

我们是青年志愿者，用真情迎接美好明天

我们是青年志愿者，用热血来书写春秋

青春似火，青春闪光，

青春无悔，青春不朽，青年志愿者

青 - 年 - 志 - 愿 - 者

2. 讲好一个志愿者故事。

以小组为单位搜集志愿者故事，进行整理以演讲的方式分享给大家。

3. 谈一下感悟。

随机抽几位同学谈谈自己的感悟。

 活动提高

思考并讨论参加志愿者活动的意义。

 活动测验

（1）中国青年志愿者服务日是哪一天？

（2）志愿者按服务内容不同可以分为哪几类？

（3）志愿者参与义务活动的动机有哪几类？

（4）志愿者精神是什么？

活动评价

序号	任务内容	配分	任务评价		
			自评	互评	师评
1	学唱《志愿者之歌》态度	20			
2	演讲内容是否充实、具体、生动	20			
3	演讲语言具体流畅，体态自然	20			
4	演讲是否具有吸引力、感染力	20			
5	撰写感悟总结	20			
6	总计	100			

注：评价按 A（18~20分）、B（15~17分）、C（11~13分）、D（8~10分）评分

活动 2　积极投身志愿服务

 活动名称

文明交通　你我同行

劳动安全卫生防护知识

（1）志愿者必须遵守国家的有关法律、法规和志愿者各项规章制度。

（2）志愿者在工作和生活中，应遵守纪律和有关规定，听从指挥，服从管理。发现和发生影响人身安全的情况时，应及时报告。

（3）在劳动中，要严格遵守安全规章制度，注意饮食卫生，注意防火、防盗等，保证自身的人身、财产、交通安全，防止各种事故的发生。

（4）自觉抵制邪教、黄赌毒等不法行为。

活动描述

在下班高峰期，各个路口红绿灯处都会交通拥挤，并且会出现不文明交通现象，这样很容易出现交通事故。因此，为了避免事故的发生，并使人们认识到文明交通的

好处，班级可组织"文明交通 你我同行"的志愿活动，奉献自己的热情与爱心，创造一个文明、礼让、和谐的出行环境。

图 2-43 违反交通规则图片

图 2-44 文明出行志愿服务

活动目标

（1）维护交通秩序，对闯红灯、乱穿马路现象进行劝导。

（2）机动车、非机动车按指定位置停放，无侵占通行通道现象。

（3）向路人进行文明出行的宣传。

活动导图

第一步：活动策划 制定活动方案 → 第二步：沟通联系，获得批准，确定地点 → 第三步：安全培训 准备物品 → 第四步：具体实施 → 第五步：总结推广 建立长效机制

活动口诀

志愿服务新风尚，奉献精神记心上。

时代青年来助力，力所能及展特长。

形式灵活又多样，内容丰富文明岗。

互助友爱更进步，社会和谐心安畅。

活动提高

建立一个志愿交通服务的长效机制，定期进行志愿服务。

活动实践

编写"文明交通你我同行"志愿服务主题活动策划书。

"＿＿＿"志愿服务策划书			
活动时间		活动地点	
参加人员			
指导思想（活动意义）			
工作任务			
活动内容			
所需用品			
具体步骤			
预期效果			
活动总结			

 活动测验

（1）做一份"文明交通 你我同行"志愿服务的活动简报。

（2）编写"文明交通 你我同行"活动总结。

 **活动评价**

序号	任务内容	配分	任务评价		
			自评	互评	师评
1	活动准备是否充分	20			
2	策划书编写是否规范	20			
3	是否遵守服务劳动纪律	20			
4	志愿服务态度是否良好	20			
5	撰写感悟总结	20			
6	总计	100			

注：评价按 A（18~20分）、B（15~17分）、C（11~13分）、D（8~10分）评分

活动 3　志愿服务进社区

活动名称

家电维修进社区

劳动安全卫生防护知识

（1）志愿者必须遵守国家的有关法律、法规和志愿者各项规章制度。

（2）志愿者在工作和生活中，应遵守纪律和有关规定，听从指挥，服从管理。发现和发生影响人身安全的情况时，应及时报告。

（3）在劳动中，要严格遵守安全规章制度，注意饮食卫生，注意防火、防盗等，保证自身的人身、财产、交通安全，防止各种事故的发生。

（4）自觉抵制邪教、黄赌毒等不法行为。

活动描述

为了将"服务大众、奉献社会、温暖他人、彰显爱心"的服务精神深入人心，同时也是为了进一步提高同学们的动手实践技能，特举办"家电维修进社区"便民志愿

服务活动，帮助市民解决日常遇到的电子产品故障问题，并为市民讲解平时应该注意怎么保养电子产品以增加电子产品的寿命。

活动目标

（1）接收旧家电时做好详细登记，掌握志愿服务登记的注意事项。

（2）对前来维修家电的市民做好接待工作，掌握接待礼仪。

（3）为维修家电的市民讲解家电使用注意事项。

（4）提升家电维修的实际操作劳动技能。

活动导图

| 第一步：策划活动，招募成员 | 第二步：前期宣传，发布信息 | 第三步：组织培训，加强管理 | 第四步：开展活动，提供服务 | 第五步：总结经验，建立台账，反思总结，整理归纳 |

活动口诀

家电维修进社区，专业特长来助力。

前期策划做招募，宣传广告张贴起。

热情接待有秩序，解决问题增技艺。

服务社会为百姓，回报国家争朝夕。

活动测验

（1）志愿服务过程中是否热情、周到？

（2）从事志愿服务是否感到快乐和自信？

（3）志愿服务过程中是否感到幸福、满足，与人和睦相处？

活动实践

活动前期：

（1）制作家电维修策划书，并进行志愿者招募。

（2）通过网络、海报、横幅等形式在社区进行宣传，并将活动内容、时间、地点及维修服务物品范围告知大家。

（3）提前一天给志愿者进行培训，讲解安全注意事项、家电维修的相关知识，并说明注意事项，确定人员安排。

4.准备活动需要的桌子、帐篷、登记表，常用的电器原材料及配件、维修工具物资等。

活动中期：

登记组：在家电维修接收时做好详细登记，并在物品上张贴标签，简要写明其故障，登记户主姓名。保管好维修好的电器，尽快通知主人，等待主人前来领取。

图 2-45　登记组

宣传组：对前来观看和等待维修的市民进行简单的讲解和科普电器使用常识。

图 2-46　宣传组

技术组：对需要维修的物品进行维修，若缺少配件登记好维修所需要器件及维修后费用统计。

图 2-47　技术组

后勤组：供应饮用水、食物、运送修理器件及所需物资，及时进行外伤医疗应急处理。

图 2-48　后勤组

活动后期：

（1）对现场无法维修的家电带回维修并送回。

（2）对维修的数目、成果进行统计。

（3）撰写志愿服务活动总结。

活动提高

召开辩论会"志愿者活动中能力比热情更重要"。

活动评价

序号	任务内容	配分	任务评价		
			自评	互评	师评
1	安全知识掌握情况	20			
2	策划书编写是否规范	20			
3	服务质量和服务态度	20			
4	活动过程中遵纪情况	20			
5	撰写感悟总结	20			
6	总计	100			

注：评价按 A（18~20 分）、B（15~17 分）、C（11~13 分）、D（8~10 分）评分

志愿者服务劳动实践报告

一、实践目的

作为一名医学生，我时常会想起我们刚入学时宣誓的震撼誓词——健康所系、性命相托。我想，自己有责任、也有义务，把自己在学校学到的理论知识应用到临床上，在临床实践工作当中提高自己的临床实践技能，这样才能为我们广大的人民群众更好地服务，为家乡贡献出一份自己的力量。我也愿意为祖国、为人民践行自己的青春使命，谱写出最美的青春华章。

二、实践时间

2020 年 2 月 24 日—2020 年 4 月 20 日

三、实践地点

长春市九台区其塔木镇中心卫生院

四、实践内容

1. 疫情防控志愿服务

我来到医院后，首先进行了志愿者服务登记，之后我被安排到门诊预检分诊处工作。当时和我一起工作的是一名非常有临床经验的护士长，我们并肩作战，为疫情防控做出了一定的努力。

门诊预检分诊处的工作主要是对来院人员以及患者进行消毒、检测体温，尤其需要对从湖北武汉返乡来院人员做好全面登记，包括详细询问其发热史、旅居史、接触史等，并认真执行医院的临床技术操作规范、常规及有关工作制度，发现确诊患者或疑似患者时，要将患者分诊至感染性疾病科就诊，根据患者病情安排必要检查，并做好隔离防护工作。

2. 放射线科室服务与学习

在我持续完成疫情防控志愿服务二十天左右的时候，护士长对我说："现在我院放射线科室比较缺人，你本身是学习医学影像专业的学生，预检分诊处不是很忙的时候你可以去放射线科室见习一下，掌握一些临床实践技能，对以后的学习会有许多帮助。"当天，我找到了医院的领导，表达了自己想要见习的意愿，领导对此也表示支持。

当时，我的临床知识水平以及临床经验不是很足，有一些问题并不是非常明白。放射线科室的刘医生在得知了我的一些基本情况后，给我讲了一些影像学检查的工作流程，以及如何拍摄出符合临床诊断的影像。在此期间，我也虚心求教，并做好了详细的笔记，在院期间努力工作，回家后也努力学习临床理论知识，希望可以提高自己的临床实践能力。

放射线科室的主要工作流程是：

（1）患者要开医学影像 DR（数字化 X 线摄影）检查的申请单。

（2）医生要进入操作间内仔细核对患者的影像学申请单，并录入电脑端，并以良好的精神状态去接待患者。

（3）给 DR 设备开机，开机后给 X 线球管灯丝增温、加热，确保 DR 设备处于正常临床工作状态。

（4）进入 DR 操作设备室内，给患者摆好相应体位，再指导患者如何做好严格的呼吸运动（当时是拍摄患者的胸部后前位），告诉患者一些注意事项（如，X 线成像有一定的穿透性和电离辐射的危害，但是请患者放心伤害是比较小的），给患者做好一定放射防护。

（5）一切准备就绪后，再返回到 DR 控制台（操作间），拿起曝光手柄，并按下手闸 1 挡，这时 X 线球管的旋转阳极开始启动，灯丝开始增温、预热，这时发出命令信号，命令患者做出严格的呼吸运动（深吸气后屏气）。

除了见习活动以外，我还在预检分诊处不太忙的时候，到放射线科室帮医生擦擦桌子、扫扫地等，做一些自己力所能及的事情来表达对科室老师平时指导的感谢之情。

五、实践结果

　　在医院的预检分诊处以及放射线科室的工作相对比较顺利，来院人员以及患者们都非常配合我们的工作，也非常理解我们。

六、实践心得与体会

　　在为期两个月的志愿者服务实践活动中，我作为一名志愿者来到长春市九台区其塔木镇中心卫生院，在这个基层医疗单位发挥自己的光和热，我很高兴，也感到十分幸运，我为自己能在这样的年纪就为社会做出力所能及的贡献而感到自豪。

　　在新冠肺炎疫情来临之际，我不畏缩、不胆怯，毅然决然地选择在前线同驰援武汉的医护人员以及所有医务工作者共同努力。虽然我目前还只是一名学生，但是在党和人民需要我时，我会义无反顾地走在前面，实现自己的人生价值，让自己的青春熠熠生辉。

　　在参加志愿者服务劳动的过程中，我懂得了什么是志愿者，明白了什么是"奉献、友爱、互助、进步"，体会到了什么是"志愿付出、快乐奉献"，同时也收获了无尽的感动与快乐。同时也明白了真的没有什么所谓的岁月静好，一切都只是因为有人在替我们负重前行。

第三篇

体验社会生产生活劳动

任务一　躬行研学实践

任务二　体验职业劳动

躬行研学实践

任务描述

古语有云：纸上得来终觉浅，绝知此事要躬行。言简意赅地为我们指出了实践对于获取知识和技能的重要性。职业学校的学生无论是在学校还是将来走向社会，都将是社会化大生产的中坚力量，又由于行业领域和专业岗位的差异性，对于技能人才的实践能力和实践形式提高了更加多元化的要求。如专业研学、假期岗位实践、参观劳动成果展等，都是最直接、最直观、最立竿见影的实践形式。只有师生们的手上都"沾油"，才能真正成就一批又一批大国工匠。

任务目标

1. 能够结合自身情况和研学对象的现实条件，制定科学合理的研学计划并保障实施。

2. 明确假期实践的岗位相关安全规程、操作流程、注意事项并严格遵守。

3. 通过实践找出自身理论或技能存在的"短板"，并在今后学习当中不断提高和完善。

 专业研学实践

👤💬 活动名称

企业认知研学实践

☑️ 劳动安全卫生防护知识

（1）研学实践期间不得中途离岗，不得追逐打闹、不听指挥，防止出现安全事故。

（2）不得随意启、闭车间各类电闸，且不要随意碰触电闸、电线插头等带电设备，防止出现触电事故。

（3）动手操作时，严格按照操作工艺执行，不得无视规章制度，随意操作设备，防止出现操作事故。

（4）车间实践期间，务必头戴安全帽，无安全帽不得进出车间，防止出现人身伤害事故。

活动描述

研学实践是通过集体旅行、集中食宿方式开展的研究性学习和实践体验相结合的校外教育活动，是学校理论教育和校外实践教育相结合的创新形式。

工业实践是职业院校学生深化并应用理论知识、提高实践和创新能力的重要方式。学生将学校课堂学到的理论知识，在研学实践中亲自动手、动脑实践，在劳动中不断加深对知识的理解，真正做到知行合一，在操作中对理论知识再理解和再加工，在实际操作中不断积累进而形成自己的经验和方法，掌握教学内容，提高自身职业素质，并最终在学生心中树立劳有所得、劳动光荣的劳动精神。

活动目标

（1）引导学生在实践中应用理论知识，以掌握课堂知识为目标，在学中做、在做中思考，在劳动实践中不断深化理论知识、不断提高自身技能。

（2）培养学生吃苦耐劳、热爱劳动的劳动观念。

（3）培养学生知行合一、不断探究的劳动精神。

活动导图

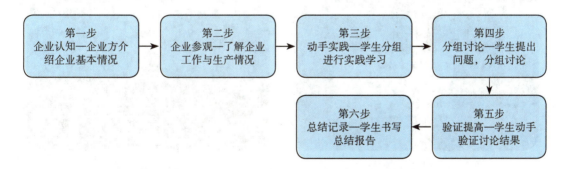

活动口诀

课堂知识要掌握，理论实践相融合。

生产销售人第一，劳动劳模现场多。

企业文化传薪火，劳动精神永不落。

勤学好问多动手，专业研学出成果。

活动实践

（1）企业认知：首先以班级为单位，认真倾听企业负责人介绍企业基本情况和企业文化，并就学生实践过程中的安全提出要求。

图 3-1　企业认知

（2）企业参观：在企业负责人带领下，学生以班级为单位参观生产车间，了解企业生产情况。

图 3-2　听取企业流程介绍

图 3-3　企业参观

（3）动手实践：学生分组进行实践学习，多动手多实践，能够在实践中发现问题。

图3-4　动手实践

 活动提高

（1）分组讨论：对大家在动手实践中发现的问题进行分组讨论。

（2）动手验证：对讨论结果进行实践验证，在实践验证中提高技能。

（3）总结报告：书写总结报告，记录劳动实践过程，避免知识遗忘。

活动测验

（1）企业基本情况、安全基本要求要掌握。

（2）各工位基本工作内容要掌握。

（3）各工位实践操作流程要掌握。

（4）各工位实践操作要符合要求。

（5）劳动实践总结报告要清晰、明了，符合要求。

活动评价

序号	任务内容	配分	任务评价		
			自评	互评	师评
1	企业基本情况掌握程度	20			
2	车间安全生产掌握程度	20			
3	各工位学生实践操作能力	20			
4	各工位学生日常表现	20			
5	实践总结报告内容评价	20			
6	总计	100			

注：评价按A（18~20分）、B（15~17分）、C（11~13分）、D（8~10分）评分

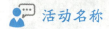

活动 2　假期岗位实践

活动名称

假期交通岗位实践

劳动安全卫生防护知识

（1）岗位实践期间不得中途离岗，不得追逐打闹、不听指挥，防止出现安全事故。

（2）必须统一身穿工作服、头戴工作帽。

（3）不得在机动车道向路人分发资料，防止出现交通拥堵，引发交通事故。

（4）向路人讲解文明交通知识时，态度要认真、端正，不要与他人发生摩擦，防止出现打架斗殴事件。

（5）分发宣传资料时，注意保护环境，不得随意丢弃资料，防止造成环境卫生污染事故。

活动描述

假期岗位实践是促进学生素质教育，加强和改进青年学生思想政治工作，引导学生健康成长和成才的重要举措，是学生接触社会、了解社会、服务社会，培养创新精神、劳动实践能力和动手操作能力的重要途径。

文明交通是展示一个城市文明的窗口，守法出行是构建平安和谐交通环境的前提保障。为进一步推进文明交通志愿服务常态化、规范化，创造文明、有序、畅通、安全的道路交通环境，同时对传递爱心、传播文明，增强学生安全意识，养成良好的交通行为习惯，提高自我保护能力，确保自身的生命安全，体验交通警察的辛苦，让学生参与文明交通服务具有比较重要的意义。

活动目标

（1）引导学生在文明交通服务实践中，通过协助交警对车辆不礼让行人、行人闯红灯、不走斑马线、非机动车逆行等不文明行为进行耐心劝导，引导行人遵守交通秩序，以传递爱心、传播文明。

（2）培养学生吃苦耐劳、热爱劳动、团结协作的劳动观念。

（3）培养学生遵规守法、文明交通、安全出行的自律意识。

活动导图

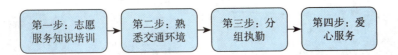

活动口诀

理论学习在课堂，假期实践添光芒。

梳理知识找缺陷，岗位服务不慌张。

熟悉环境看榜样，热情周到心大方。

提高技能我开心，充实自己门路广。

活动实践

（1）服务知识学习：首先以班级为单位，认真倾听交警讲解文明交通知识、安全防范教育，并就学生志愿服务实践过程中的安全事项提出要求。

图 3-5　活动实践

（2）熟悉交通环境：在老师和交警的带领下，学生以班级为单位到执勤点熟悉交通环境。

图 3-6　熟悉交通环境

（3）文明出行宣传：学生分组进行文明出行知识宣传，向过路行人分发宣传资料，讲解安全出行知识。

图 3-7　指挥交通　　　　　　　　　　　图 3-8　文明出行

💡 活动提高

（1）劝导不文明行为。协助交警对行人闯红灯、不走斑马线，非机动车逆行等不文明行为进行耐心劝导，引导行人遵守交通秩序，保证交通路口井然有序。

图 3-9　劝导不文明行为

（2）为有需要的路人提供爱心服务。帮助老弱人群安全过马路、为外地游客指路等，为他人提供力所能及的帮助，让文明之风、和谐之风盛行。

图 3-10　提供爱心服务

（3）感想感悟。交警对当天的志愿服务活动进行总结和表扬，学生对自己的交通岗位实践活动进行总结，老师对学生的表现进行点评。

 活动测验

（1）安全文明知识要掌握，宣传资料内容要掌握。

（2）文明出行志愿活动周围的环境要熟悉。

（3）宣讲文明出行知识时应礼貌。

（4）劝导不文明行为时应礼貌、耐心、正确。

（5）向路人提供爱心服务时应热情、礼貌。

活动评价

序号	任务内容	配分	任务评价		
			自评	互评	师评
1	安全文明知识掌握	20			
2	对活动周围环境掌握程度	20			
3	宣讲知识时的表现	20			
4	劝导不文明行为时的表现	20			
5	向路人提供爱心服务时的表现	20			
6	总计	100			

注：评价按 A（18~20分）、B（15~17分）、C（11~13分）、D（8~10分）评分

 活动 3 参观劳动成果展览

活动名称

参观校史展览馆

劳动安全卫生防护知识

（1）研学实践期间不得中途离岗，不得追逐打闹、不听指挥，防止出现安全事故。

（2）参观时不要用力碰触防护玻璃，不要敲打防护玻璃，防止玻璃破碎引起伤人事故。

（3）参观时不要碰触展览物品，防止损坏物品。

（4）参观时要有序上下楼梯，不要追逐打闹，防止出现踩踏事故。

活动描述

校史展览馆是学校展现办学历史和办学成就的重要载体，展现了学校发展历程。校史展览馆以史实和史料为根据，以图文与视频相结合的形式，将学校概况、历史沿革、主要发展阶段、优秀校友、教师代表、各界支持、发展远景等进行了展示。校史展览馆是学校多年办学历史的浓缩，再现了一代又一代人自强不息、艰苦奋斗的劳动历程。因此，组织学生参观校史展览馆，可以对学生进行爱国主义教育，激发学生自强的精神，同时也能够让学生更好更直接地了解学校、热爱学校，对学生今后的校园生活具有重要的意义。

活动目标

（1）引导学生有组织、有纪律地参观校史展览馆，学生通过讲解员的讲解，通过纸、笔和相机记录自己的感受，感受学校精神和学校文化。

（2）培养学生爱校意识，传承学校精神。

（3）通过了解学校不同历史时期的资料，感受历史的荣耀，让学生传承艰苦奋斗的精神，为创造更辉煌的明天而努力。

活动导图

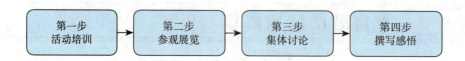

第一步 活动培训 → 第二步 参观展览 → 第三步 集体讨论 → 第四步 撰写感悟

活动口诀

学校课堂学理论，参观展览悟精神。

文明成果最多彩，传统现代求创新。

四大发明传至今，中国重器呈井喷。

自我激励写感悟，劳动创造幸福人。

活动实践

（1）参观准备。首先以班级为单位，认真倾听本次实践活动的计划安排，尤其是需要注意在实践劳动过程中的安全。

（2）参观学习。在讲解员和带队老师带领下，按参观顺序参观学习，了解学校概况、历史沿革、主要发展阶段、优秀校友、教师代表、各界支持、发展远景等发展历程和办学成绩。

图 3-11　参观学习

 活动提高

（1）思想交流。为进一步增强学生爱校、知校教育，组织学生分组进行思想交流，就参观过程中的思想感悟进行深入交流。

图 3-12　思想交流

（2）感想感悟。老师对当天的参观活动进行总结，学生对自己的参观过程进行总结，老师对学生的参观表现进行点评。

活动测验

（1）安全知识要牢记，参观流程要掌握。

（2）参观过程要认真、严肃，态度端正；注意倾听、记录；不要吵闹、喧哗。

（3）观后讨论时要积极发言，发表自己的感想感悟。

活动评价

序号	任务内容	配分	任务评价		
			自评	互评	师评
1	安全知识、参观流程掌握程度	20			
2	参观过程中态度是否端正	20			
3	参观过程认真程度	20			
4	参观过程纪律情况	20			
5	集体讨论时的表现	20			
6	总计	100			

注：评价按 A（18~20分）、B（15~17分）、C（11~13分）、D（8~10分）评分

活动 4　走进军营

 活动名称

走进军营，感悟军魂

劳动安全卫生防护知识

（1）研学实践期间不得中途离岗，不得追逐打闹、不听指挥，防止出现安全事故。

（2）参观营房过程中，不得随意碰触他人物品，不得随意拿取别人物品，防止出现物品损坏事故。

（3）叠被训练时，注意头部保护，防止头部撞击上层床铺底板，造成人身伤害

事故。

（4）观看军人训练时不得随意跑动，不得未经允许碰触枪械等危险物品，防止出现意外伤害事故。

（5）观看军人训练时，注意多看多学多思考，不要随意品头论足，不得随意贬低他人行为和成果，防止出现摩擦，甚至打架斗殴事件。

活动描述

保家卫国、保卫国土不仅仅是军人的责任，也是每一位公民应有的担当。作为职校学生，更应该有国家观念、爱国之情、报国之念。

现在的学生大都是独生子女，生活节奏慢，劳动思想较差，自我约束能力差，做事效率不高。通过走进军营活动，学生不仅能磨炼意志，还能让学生了解部队严格的管理，亲身感受到战士们生活的简朴、训练的热情、思想的坚定、作风的顽强。在参观之后能够充分体验到军人纪律的严明，以及内务整理的熟练与规范，增强学生自立自信自强的生活意识。

活动目标

（1）通过走进军营，了解军人紧张而有序的生活，体会军人工作的艰辛，激发学生爱国爱军之情。

（2）通过观看军人训练，体验军队严格的纪律、严谨的作风，培养学生纪律意识、团队意识，培养学生爱劳动、勤运动的生活习惯。

（3）对学生进行爱国主义教育，培养学生良好的社会责任感。

活动导图

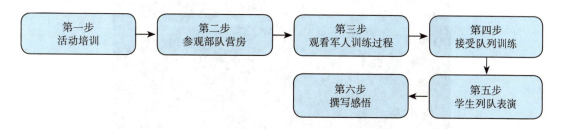

活动口诀

保家卫国解放军，忠诚人民沐党恩。
整齐划一看军营，钢铁长城中国心。

海陆空军显精神，战略部队打精准。

军事技能最过硬，一寸土地岂容侵。

活动实践

（1）参观准备。首先以班级为单位，认真倾听本次实践活动的计划安排，尤其是需要注意在实践劳动过程中的安全注意事项。

图 3-13　参观准备

（2）参观营房。部队领导首先介绍部队纪律和参观要求，随后在部队领导和带队老师引领下，排队按顺序参观军营营房，体会军人紧张而有序的生活和优良的生活作风。

图 3-14　参观营房

（3）参观军人训练过程。为进一步了解部队严格的管理，让学生亲身感受到部队坚定的信念、正规的秩序、严明的纪律和顽强的作风，组织学生观看部队常规训练。

图 3-15　参观训练

活动提高

（1）列队训练。为体验军人顽强的作风，培养学生劳动意识和团队意识，组织学生进行列队训练，由部队教官对学生进行严格的列队训练。

图 3-16　列队训练

（2）列队表演。为检验学生列队训练效果，增强学生信心和集体荣誉感，组织学生进行列队表演。

图 3-17 列队表演

 活动测验

（1）安全知识要牢记，参观流程要掌握。

（2）参观过程要认真、严肃，态度端正。

（3）参观过程注意倾听、记录，不要吵闹、喧哗。

（4）动手叠被、列队表演时要严格、认真。

（5）观后及时书写感想感悟。

 活动评价

序号	任务内容	配分	任务评价		
			自评	互评	师评
1	安全知识、参观流程掌握程度	20			
2	参观过程中态度是否端正	20			
3	参观过程纪律情况	20			
4	动手叠被、列队表演时的表现	20			
5	感想感悟程度	20			
6	总计	100			

注：评价按 A（18~20 分）、B（15~17 分）、C（11~13 分）、D（8~10 分）评分

活动 5 "三下乡"社会实践

活动名称

科技支农实践活动——垃圾分类宣传

劳动安全卫生防护知识

（1）社会实践期间不得中途离岗，不得追逐打闹、不听指挥，防止出现安全事故。

（2）宣传过程中，注意言行举止，耐心沟通，不要与他人起冲突。

（3）注意看护好自己的随身物品，防止丢失。

活动描述

三下乡是指文化、科技、卫生"三下乡"。学生们通过三下乡社会实践活动，把学习书本知识与投身劳动实践统一起来，自觉与劳动实践相结合，努力缩短成长与社会需要之间的距离，提高解决实际问题的能力，对学生成长具有十分重要的意义。

垃圾分类回收利用是对垃圾进行前处置的重要环节。通过分类投放、分类收集，把有用物资从垃圾中分离出来重新回收、利用，变废为宝。既提高垃圾资源利用水平，又可减少垃圾处置量。

垃圾分类是实现垃圾减量化和资源化的重要途径和手段。垃圾通过分类收集后便于对不同类垃圾进行分类处置。垃圾分类是对垃圾收集处置传统方式的改革，是对垃圾进行有效处置的一种科学方法。通过宣传活动，培养学生和乡镇居民垃圾分类意识，维护良好生活环境。同时，通过学生参与社会交流和劳动实践，以实际行动助力乡镇环保建设，践行志愿者服务精神。

活动目标

（1）引导学生更广泛地接触社会，了解民情国情，在服务社会中践行志愿者精神。

（2）引导学生在实践中应用理论知识，以掌握知识为目标，在学中做、在做中学，在劳动实践中不断深化理论知识、提高综合素质。

（3）通过垃圾分类知识宣传，培养学生垃圾分类意识。通过学生劳动实践，调动乡镇居民垃圾分类的积极性，进一步树立乡镇居民垃圾分类理念，推进乡镇的生活垃圾分类工作。

（4）培养学生热爱劳动的精神。

 活动导图

```
┌──────────────┐   ┌──────────────┐   ┌──────────────┐   ┌──────────────┐
│   第一步      │   │   第二步      │   │   第三步      │   │   第四步      │
│ 制作宣传资料展板│──▶│ 理论宣传教育   │──▶│ 垃圾分类演示   │──▶│  互动游戏     │
└──────────────┘   └──────────────┘   └──────────────┘   └──────┬───────┘
                                                                 │
                   ┌──────────────┐   ┌──────────────┐           ▼
                   │   第六步      │   │   第五步      │
                   │ 学生撰写感悟   │◀──│ 清理活动现场   │
                   └──────────────┘   └──────────────┘
```

 活动口诀

劳动实践相结合，服务三农很光荣。
宣传计划早准备，生态保护责任重。
垃圾演示分类放，重点提醒黄绿红。
志愿服务塑本领，社区环保氛围浓。

活动实践

（1）服务准备。首先以班级为单位，认真倾听本次实践活动的计划安排，尤其是在实践劳动过程中，需注意安全，培养学生劳动安全意识。

（2）志愿服务。活动开始后，首先向乡镇居民讲解国家对垃圾分类出台的文件和政策，讲解垃圾分类对乡镇和居民生活的好处。随后向大家分发宣讲资料，讲解垃圾分类要点和注意事项。

图 3-18 志愿服务

（3）志愿服务。进行实际垃圾分类演示，向乡镇居民演示并讲解各种不同垃圾的分类方法，向居民讲解垃圾分类口诀。

（4）参与农业生产。在当地人员带领下，来到田间地头，参与粮食蔬菜的种植、浇水、拔草、除菌等。进一步熟悉农业生产、种植业和养殖业的情况。

图 3-19　田间除草

图 3-20　帮助农民管理园地

活动提高

为进一步提高乡镇居民的学习积极性，调动大家的学习热情，还可组织由乡镇居民参加的互动游戏。通过参与游戏，进一步增强乡镇居民的垃圾分类意识。

活动测验

（1）安全活动知识要牢记，志愿服务内容和流程要掌握。

（2）垃圾分类宣讲知识要熟悉。

（3）志愿服务要认真，态度要端正。

（4）清理现场时要保持环境干净、整洁。

（5）与人沟通要主动、有耐心，注意倾听。

活动评价

序号	任务内容	配分	任务评价		
			自评	互评	师评
1	安全知识、服务流程掌握程度	20			
2	垃圾分类宣讲知识掌握程度	20			
3	服务态度	20			
4	清理现场情况	20			
5	宣讲沟通时的表现	20			
6	总计	100			

注：评价按 A（18~20 分）、B（15~17 分）、C（11~13 分）、D（8~10 分）评分

体验职业劳动

任务描述

职业劳动是具有身份化和全民化的很广泛的概念，可分为很多种类。追求职业劳动的高效性和价值创造的最大化是职业劳动最基本的利益诉求。通过实地参观生产劳动现场，与生产一线的劳动者面对面访谈，参加劳动基地的实践活动等形式，让学生对职业劳动的认识由感性认识上升到理性认识，充分融入现代化企业生产、运营、管理的各个流程，树立远大的职业理想，为"中国制造2025"贡献出自己应有的力量，学以致用，早日实现自己的职业梦想。

任务目标

1. 通过生产劳动现场参观，充分认识现代企业"5S"管理的科学性。
2. 提高安全生产防护意识，掌握基本的防范和应对安全事故的方法。
3. 通过劳动基地实践活动，明确企业对相应岗位技能人才的要求。

活动 1 走进生产劳动现场

 活动名称

参观 5G 智能制造基地

劳动安全卫生防护知识

（1）遵守智能制造基地守则，按规定穿戴安全防护设备，如戴安全帽、穿防护服等。

（2）根据指定参观路线行走，不逗留徘徊于工作地区，不打扰工作人员正常工作。

（3）未经允许，不随意碰触基地任何器械或电器等。

（4）注意警示标志，禁止随意碰触各种开关、按钮，未经允许不得进入特定生产区域。

（5）严禁吸烟，禁止携带易燃、易爆等危险物品。

活动描述

5G，即第五代移动通信技术，是未来各行各业数字化转型的关键基础设施，5G具有高速率、低时延、高可靠性的特点。如今5G牌照正式发放，中国正式进入商用5G时代，5G部署步伐的加快带动了传统行业焕发新的生机，相关技术也正在飞速发展。

5G技术切合了传统制造企业智能制造转型对无线网络的需求，能满足工业环境下设备互联和远程交互应用的需求，在物联网、工业自动化控制、物流追踪、工业AR、云化机器人等工业应用领域，5G技术起着重要作用。

活动目标

（1）了解5G的概念及应用方向。

（2）通过参观体验，了解5G在智能制造中的作用。

（3）培养学生对信息技术的兴趣和意识，形成良好的文化素养。

（4）引导学生养成正确的劳动价值观，形成良好的劳动品质，培养学生探究创新的劳动精神。

活动导图

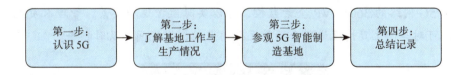

| 第一步：认识5G | → | 第二步：了解基地工作与生产情况 | → | 第三步：参观5G智能制造基地 | → | 第四步：总结记录 |

活动口诀

信息系统设口令，定期体检堵漏洞。
互联互通要谨慎，敏感信息莫传送。
连接邮件勿心倾，金融短信慎回应。
人工智能发展快，北斗技术定位精。

活动实践

（1）知识素养。要求同学们利用课下的时间上网查找 5G 的相关知识，了解 5G 的概念、起源及发展现状；了解 5G 技术的应用。

（2）基地认知。以班级为单位，认真倾听基地负责人介绍基本情况和基地文化，并就学生参观过程的安全提出要求。

（3）基地参观。在负责人的带领下，学生以班级为单位参观智能制造基地，了解基地生产情况。

全自动数字孪生装配线

在 5G 智能制造基地的全自动数字孪生装配线上，每个工位的传感器实时进行数据采集，并通过 5G CPE 回传到后台，实时反映产线生产状况。5G 云化 AGV 自动配送上料，工业机器人协同作业，点胶、装配单板、打螺钉、扫码贴标、视觉检查等工序实现自动化作业。

图 3-21　全自动数字孪生装配线

360° VR 全景监控

基于 5G 网络的 360° VR 全景监控，可以实时监控现场实景，管理人员无须亲临现场，便可对车间生产情况进行全场景无死角监控，发现问题及时预警。

图 3-22　360° VR 全景监控

基于 5G 技术的智能立库

5G 的低时延、高可靠性等特点不仅可以确保柔性机器人实现智能、高速分拣和云化 AGV 的快速分货部署，同时也可实现 5G 室内高精度定位协助仓储实现智能化管理、机器视觉辅助产线分拣、机器人 4K 高清设备巡检等。

图 3-23　基于 5G 技术的智能立库

（4）总结报告。参观完毕后，以小组为单位，归纳整理总结，书写实践总结报告。

 活动提高

了解 5G 知识，进一步提升对 5G 的认识。

5G，即第五代移动通信技术，具有高速率、低时延、高可靠性的特点。其与人工智能、大数据紧密结合，使得万物互联触手可及。5G 技术将数字化、云化、AI 化和传统产业联合，衍生出了车联网、云化 VR/AR、智慧医疗、智能家居、智能安防，甚至是智慧城市。

1. 5G 的特点

（1）高速率。5G 下载速率理论可达到每秒 10GB，是当前 4G 上网速率的十倍至百倍。也就是说，一部高清电影几秒钟就可以下载下来！

（2）低时延。5G 延时理论是 1 毫秒，是 4G 延时的几十分之一，基本达到准实时水平。举个例子，现在用 3G/4G 传输新闻，因为带宽的限制，延时是几秒到十几秒，使用 5G 设备借助 5G 网络，基本都是实时传输。

（3）高可靠性。5G 可以保证 1 平方公里内同时有 100 万个网络连接，与 4G 相比，连接设备密度增加 10~100 倍，流量密度提升 1000 倍。5G 时代基本不会出现卡顿、不能上网等现象。

2. 5G 技术的应用

（1）车联网。自动驾驶、车辆周期维护、传感器数据等都需要安全、可靠、高速的连接，这是车联网实现的基础，目前只有 5G 可以满足车联网的要求。5G 技术的普及使得 V2V、V2X 的通讯变成现实。

（2）智能制造。智能制造过程中云平台与工厂生产设施的实时通信、传感器和人工智能平台的信息交互、和人机界面的交互，都离不开无线通信技术。5G 技术由于其高速率、低时延、高可靠性的特点，可以为智能制造提供高效、可靠、安全的连接。

（3）智慧能源。由于 5G 技术采用授权频段，移动运营商除了提供高水准服务等级协定外，还可以提供身份验证和核心网信令安全，这使得能源公司能够进行智能分析并实时响应异常信息，从而实现更快速准确地电网控制。

（4）智慧医疗。近 5 年，移动互联技术的快速发展使得无线医疗（远程医疗）触手可及。医疗行业开始使用可穿戴或便携设备集成远程诊断、远程手术和远程医疗监控等解决方案。5G 技术的出现及成熟应用可以为智慧医疗提供所需的连接，使得远程手术和远程医疗成为现实。

（5）智能家居。以高速率、低时延、高可靠性为特点的 5G 技术的成熟，标志着 5G 时代的到来，这对智能家居有着极大的影响。传统的智能家居，主要通过 Wi-Fi 连接使用智能灯光、智能门窗、智能空调等，但是它们的数据传输不给力，难以实现家居系统的物物互联，安全性、联动性都没法保证，使它们不能被称为真正的智能家居。5G 高速率的特点，使得智能家居反应更快、物物互联，甚至还可能与人交流、智能 AI 学习。

（6）云化 VR/AR。5G 将为 VR/AR 提供更低的成本以及数据存储和高速计算能力。虚拟现实和增强现实（VR/AR）被认为是下一代计算平台，需要大量的数据传输、存储和计算功能，云化 VR/AR 可以利用云端服务器的数据存储和高速计算能力，从而大大降低设备成本。未来 10 年，家庭和办公室对桌面主机和笔记本电脑的需求将越来越小，转而使用连接到云端的各种人机界面，并引入语音和触摸等多种交互方式。5G 将显著改善这些云服务的访问速度。

（7）智能安防。以 5G 为基础，智能安防在智慧城市中起着至关重要的作用。红外及人脸识别精准测温仪，包括云监控在内的视频监控技术、智慧停车、安防巡检机器人等安防技术被广泛应用。智慧安防设备采集各类信息通过网络传送到云平台，再经过大数据分析快速获取到想要的信息，智慧安防＋大数据已形成一条新的产业链。从长期发展来看，大型城市的快速增长和不断提升的城镇化率也会加大对智慧安防的需求。

手机

WEB/电脑客户端

平板

摄像头等前端设备采集信息

终端监控

图 3-24　5G 对工业互联网应用的影响

 活动测验

以自己身边近两年的变化为例，说明 5G 技术对生活的影响，形式不限。

活动评价

序号	任务内容	配分	任务评价		
			自评	互评	师评
1	安全防护知识掌握程度	20			
2	5G 技术知识掌握程度	20			
3	安全生产参观评价	20			
4	各组学生日常表现	20			
5	实践总结报告评价	20			
6	合计	100			

注：评价按 A（18~20 分）、B（15~17 分）、C（11~13 分）、D（8~10 分）评分

体验安全文明生产

活动名称

走进食品加工厂

劳动安全卫生防护知识

（1）遵守食品安全厂守则，戴口罩、防尘帽，穿食品车间工作服等。

（2）根据指定参观路线行走，不逗留徘徊于工作地区，不打扰工作人员正常工作。

（3）未经允许，不随意碰触工厂任何食品等。

（4）注意警示标志，禁止随意碰触各种开关、按钮，未经允许不得进入特定生产区域。

活动描述

现代生活离不开工业制造，食品加工更与我们生活息息相关，让职业院校的学生走进食品加工车间参观学习，了解整个食品加工过程，树立正确的劳动观念和价值观是职业院校培养人才不可缺少的环节。

活动目标

（1）通过走进车间参观学习，了解食品加工的劳动过程。

（2）通过参观，了解食品加工的安全卫生保障知识。

（3）培养学生团队意识、合作精神，养成良好的劳动品质，知行合一。

活动导图

第一步：安全知识培训 → 第二步：参观准备工作 → 第三步：走进食品加工厂 → 第四步：分组体验 → 第五步：总结记录报告

活动口诀

生产安全是第一，条条框框记心里。
工作后面有家庭，行动落实莫所欺。
警戒警告有标记，小小符号大秘密。
遵规守章莫侥幸，事故损人又损己。

活动实践

（1）进入食品加工厂必须进行安全卫生教育。
（2）学生进入食品车间必须遵守各项管理制度。
（3）学生在车间内禁止穿拖鞋、背心；禁止吸烟、追逐打闹。
（4）教师未安排或未经教师允许，学生不得私自操作设备。
（5）观看工人师傅加工食品时，勤观察、多思考。
（6）树立"文明生产、放心食品"的思想观念。

认知食品厂：

（1）参观准备

以班级为单位，认真倾听车间主任讲解本次参观时的卫生安全注意事项。

图 3-25　认识食品安全

（2）参观食品加工车间

在主任带领下学生有秩序地逐一参观面包生产加工过程，认真倾听主任的详细讲解，每道工序加工时的工艺要求及食品卫生要符合国标的要求，体会工人师傅的加工过程中一丝不苟的工作精神，减少不合格产品的发生。

在参观的同时注意参观的目的和任务，多观察、多思考。

图 3-26　参观食品加工车间

图 3-27　参观成品车间

（3）活动实践

为了检验学生的参观成果，在工人师傅监督下，让学生亲自动手做一道工序，小组分工合作，完成最后的任务。培养学生爱劳动的习惯和团队合作意识。

图 3-28　生产体验

图 3-29　半成品

 活动提高

撰写学习食品安全厂标准规范后的心得体会。

活动测验

（1）牢记食品安全卫生知识。

（2）掌握参观各工位的操作流程。

（3）动手实践时要符合操作规范。

（4）总结报告要思路明确、条理清晰。

（5）小组汇报展示成果。

活动评价

序号	任务内容	配分	任务评价		
			自评	互评	师评
1	牢记食品安全卫生知识	20			
2	掌握参观各工位的操作流程	20			
3	动手实践时要符合操作规范	20			
4	总结报告条理清晰思路明确	20			
5	小组汇报展示成果	20			
6	合计	100			

注：评价按 A（18~20 分）、B（15~17 分）、C（11~13 分）、D（8~10 分）评分。

活动 3　与现代企业接轨

活动名称

认识工业互联网

劳动安全卫生防护知识

　　职业学院的目的是培养一批能从事动手实践、具有高技能水平的一线操作人员。生产实践技能是每个职业学院学生必备的技能素养。

　　（1）进入生产前认真阅读安全须知，并注意和遵守各种安全标识牌的提示、警示、禁止等事项。

　　（2）进入生产区域，需提前佩戴好安全帽等劳动防护用品。

　　（3）进入生产现场，禁止随意碰触各种开关、按钮，未经允许不得进入特定生产区域。

　　（4）进入生产现场，禁止吸烟，禁止携带易燃、易爆等危险物品。

　　（5）出现紧急情况，根据疏散标志沿紧急撤离通道撤离或在带队人员指挥下有序撤离。

活动描述

　　工业互联网是在互联网的基础上，将设备、生产线、供应商、产品、客户等紧密融合起来，形成跨设备、跨系统、跨厂区、跨地区的互联互通，推动整个制造服务体系智能化。还有利于推动制造业融通发展，实现制造业和服务业之间的跨越发展，使工业经济各种要素资源能够高效共享。

　　工业互联网与互联网和工业生产都密切相关，这种特性使得工业互联网不仅要求从业人员具备工业生产的相关技能，还需要对网络有一定了解。工业互联网的这种特性使得其安全难度增大，既要遵守传统工业生产的安全生产注意事项，又要遵守网络安全的相关规定。

活动目标

　　（1）了解工业互联网的定义。

　　（2）通过参观体验，掌握工业互联网安全生产的注意事项。

　　（3）了解工业互联网在各行各业的实践应用情况。

　　（4）引导学生养成正确的劳动价值观，形成良好的劳动品质，培养学生探究创新的劳动精神。

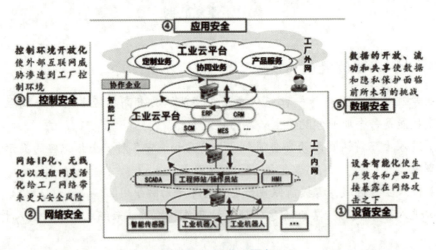

图 3-30　工业云平台

活动导图

第一步：安全知识培训 → 第二步：参观准备工作 → 第三步：走进现代企业 → 第四步：分组体验 → 第五步：总结记录报告

活动口诀

落后挨打记忆坚，大国重器笑开颜。
弯道超车竞核心，历尽艰辛非等闲。
揽月神器上九天，捉鳖神功五洋探。
基建狂魔走天下，劳动创造谱新篇。

活动实践

（1）在上课前，提前通知同学们本次要去参观的工业生产车间的性质及功能，要求同学们自行查找资料，了解工业互联网的起源、发展及其与智能制造的关系，了解工业安全生产注意事项，提前准备好相关材料，了解需要穿戴的防护品及穿戴方法。

在工作人员带领下，同学们以班级为单位参观工业生产车间，走参观通道，观察、了解车间生产情况。

图 3-31　任务过程

图 3-32　工业生产流水线

海尔卡奥斯 COSMOPlat 是基于"5G+工业互联网＋大数据"自主开发的，是全球首家引入用户全流程参与的大规模定制平台。它前联研发、后联用户，依托工厂数万个传感器，实现人员、设备、物料与产品的智能交互，产生的数据与研发中心和实验室互联，打通整个生态价值链，实现用户需求与制造体系的无缝对接。截止到 2020年 5 月，海尔卡奥斯 COSMOPlat 已先后主导和参与了 31 项国家标准、6 项国际标准，覆盖大规模定制、智能制造、智能工厂、智能生产、工业大数据、工业互联网 6 大领域，是唯一被 IEEE、ISO、IEC 三大国际组织批准牵头制定大规模定制模式标准的单位。

卡奥斯 COSMOPlat 将全流程拆分为 7 个模块，分别对应交互定制、开放创新、精准营销、模块采购、智能生产、智慧物流、智慧服务等覆盖全流程的七大环节，通过泛在物联能力、知识沉淀能力、大数据分析能力、生态聚合能力、安全保障能力五大能力，实现 COSMOPlat 灵活部署、跨行业快速复制，赋能企业转型升级。

图 3-33　工业机器人

同学们以小组为单位，分组进行实践学习，掌握工业生产中需要注意的安全防护知识和生产所需遵守的各项规章制度。

（2）参观结束后，以小组为单位汇报本小组实践情况，并提交参观安全生产实践报告。

 活动提高

查找相关资料，学习工业互联网的知识，激发学生对工业互联网的兴趣和意识。

 活动测验

（1）检查学生自觉查找工业互联网的相关资料并学习的情况。

（2）针对工业互联网的应用前景情况，开展讨论。

（3）谈谈你对工业互联网的认识。

活动评价

序号	任务内容	配分	任务评价		
			自评	互评	师评
1	安全防护知识掌握程度	20			
2	工业互联网知识掌握程度	20			
3	安全生产实践评价	20			
4	各组学生日常表现	20			
5	实践总结报告评价	20			
6	合计	100			

注：评价按 A（18~20分）、B（15~17分）、C（11~13分）、D（8~10分）评分

活动 4 走近劳动者

 活动名称

了解走访技术能手

劳动安全卫生防护知识

（1）进入实验室必须穿鞋套，禁止穿背心、短裤、短裙等暴露过多皮肤的衣服，不得佩戴隐形眼镜，长发必须扎起。

（2）严禁在实验室吸烟，严禁把食物带入实验室和试吃实验药品。

（3）使用设备时，禁止用湿手或在眼睛旁视时开关电器。实验完毕后，及时切断电源。

活动描述

技术能手是对技能工作者的表彰，既是对工作者的技能水平的肯定，也是对工作者社会地位的肯定。在本次活动中，带领同学们走访本校技术能手，了解他们的日常，学习他们的工作方法和工作思维。

活动目标

（1）通过走访技术能手，了解并学习其工作、学习方法和思维。

（2）培养学生吃苦耐劳精神，提高学生的独立意识和自主能力，培养具有乐观、积极、健康心态的高技能人才。

（3）引导学生养成正确的价值观，形成良好的学习习惯，培养学生探究创新的劳动精神。

活动导图

| 第一步：
认知：了解技术能手 | → | 第二步：
确定目标：查找资料，确定走访目标 | → | 第三步：
走访前准备：确定提问流程 | → | 第四步：
采访及观摩：生问师答 | → | 第五步：
总结记录：学生撰写总结报告 |

 活动口诀

校内劳动学做练，社会体验眼界宽。
中国速度万里行，生产劳模样样先。
大国工匠德技尖，自我赶超勇向前。
文明安全素质高，中国制造创新篇。

活动实践

（1）基本认知：了解技术能手

要求同学们利用课下时间查找技术能手的相关资料，了解什么是技术能手，它的取得条件是什么？

（2）确定目标：查找资料，确定走访目标

通过询问老师或查看图书馆资料等形式，了解我们学校有没有技术能手？他们分别是谁？分别在哪些方面有什么成就？

以小组为单位，确定本小组所要走访的技术能手（尽量与学生所学专业一致）。

（3）走访前准备：确定提问流程

通过各种渠道确定走访目标的成就，根据已知信息确定提问流程及问题；问题要符合以下几点：走访目标的成就是如何获得的？他们在学习、生活、工作等方面是否有与众不同的优

图3-34 中国制造

良习惯？如果是本专业老师的话，还需要涉及专业技能培养和专业发展的相关知识。

（4）采访及观摩：生问师答

根据前期准备的问题，以访谈的形式进行采访，并做好记录；如果条件允许的话，可以请技术能手在自己的专业方面做一下展示，学生现场观摩并做好笔记。

（5）总结记录：学生撰写总结报告

走访结束后，学生整理采访及观摩记录，以小组为单位，以总结报告的形式进行汇报。总结报告既要有技术能手的问答，也要体现本次活动对学生的影响。

活动提高

以技术能手为目标，制定本学年学习目标及计划，计划要详细到每周要达成的目标。

全国技术能手是我国设立的优秀技术工人荣誉称号，是国家技术人才评选表彰制度的重要组成部分。

1. 申请条件

图 3-35　苦练技能

年龄不超过 50 岁的中国公民，热爱本职工作，具有良好的职业道德和敬业精神，并已获得省（或行业）级技术能手称号，且具有高级以上职业资格，本职业（工种）的技术技能水平在国内处于领先地位，并具备下列条件之一的可申报参加"中国技术能手"评选：

（1）在本职业（工种）中，具备某种绝招绝技，并在发掘整理和传授技术技能方面做出突出贡献的。

（2）在开展技术革新、技术改造活动中做出重要贡献，取得显著经济效益和社会效益的。

（3）在企业、同行业中，具有领先的技术技能水平，并在某项生产工作领域总结出先进的技术操作方法，取得重大经济效益和社会效益的。

（4）在开发、应用先进科学技术成果转让或现实生产力方面做出突出贡献，并取得重大经济效益和社会效益的。

另外近几年国家为鼓励高技能人才培养，凡参加国家级一级技能竞赛第一名选手符合条件的也可直接取得"全国技术能手"称号。

2. 评选单位

全国技术能手评选表彰工作，由人力资源和社会保障部技能人才评选表彰办公室组织进行。

3. 评审制度

"全国技术能手"的评选采取二级评审制度，"全国技术能手"主要从省或行业级评选表彰的技术能手中产生。候选人由省（行业）按照人力资源和社会保障部下达的名额，经省（行业）专家评审委员会评审确定后，人力资源和社会保障部技能人才评选表彰办公室推荐。由人力资源和社会保障部技能人才评选表彰办公室组织对推荐的"全国技术能手"候选人事迹材料进行审查、筛选和整理，并组织有关行业专家进行复审。复审后，由人力资源和社会保障部召开全国专家评审会，由专家评审委员会对候选人进行终审，确定人选后报人力资源和社会保障部批准。评选表彰活动每2年进行一次，每次评选表彰"全国技术能手"100名。对全国技术能手，授予"全国技术能手"荣誉称号，颁发证书、奖章和奖金。当选的全国技术能手，原是高级工的，由省级以上劳动和社会保障部门按照管理权限认定技师资格。

 活动测验

（1）通过此次活动你对走访的技术能手有了哪些认识？

（2）成为技术能手你觉得需要哪些基本条件？

 活动评价

序号	任务内容	配分	任务评价		
			自评	互评	师评
1	基本知识掌握程度	20			
2	走访前材料准备情况	20			
3	采访及观摩评价	20			
4	总结报告评价	20			
5	学年目标及计划评价	20			
6	合计	100			
注：评价按 A（18~20分）、B（15~17分）、C（11~13分）、D（8~10分）评分					

活动 5 体验劳动基地实践

 活动名称

走进国家级高技能人才培训基地

🛡 劳动安全卫生防护知识

（1）进入基地实训车间必须先接受安全教育。

（2）学生进入基地实训车间必须穿戴劳动防护用品。

（3）非上课学生未经许可不得进入基地实训车间。

（4）基地实训车间内禁止穿拖鞋、凉鞋、背心，禁止吸烟、追逐打闹。

（5）学生和教师都必须坚守实习岗位，不得串岗、离岗。

（6）树立"安全第一"的思想，严格按照《设备安全操作规程》进行操作。

（7）教师未做安排或未经教师允许，学生不得私自操作设备。

（8）凡教师未做讲解或未示范的练习内容，学生不得提前或私自练习。

（9）操作车床、机器人等高速运转类设备严禁戴手套。

（10）树立"文明生产"的思想，严格按照《设备维护保养规程》做好实操设备维护保养。

💬 活动描述

　　劳动涵育品德、劳动增进智能、劳动强健体魄、劳动孕育美好生活，劳动是全面提升人才素质的基本要求和重要手段，是实践教学的重要载体，也是培养学生正确的劳动意识、劳动态度和劳动习惯的重要途径。走进国家级高技能人才培训基地可积极引导学生培育和树立社会主义核心价值观，帮助学生真正理解劳动的意义和价值，树立正确的劳动价值观和职业观。

　　安排学生进入国家级高技能人才基地参观学习，进行模拟实训和生产性训练，有利于培养学生脚踏实地、爱岗敬业、吃苦耐劳、专注创新、精益求精、服务奉献、利他工匠等多元的优秀品质和精神，是职业院校培养高素质高技能人才不可缺少的重要环节。

活动目标

（1）通过参观，了解高技能人才培养的基本途径和设施设备。

（2）改变学生重理论轻实践的传统观念，引导学生在实践中应用理论知识，以掌握课堂知识为目标，在学中做、在做中思，在劳动实践中不断深化理论知识，提高自身技术技能和综合职业素养，积极弘扬劳模精神和工匠精神，营造劳动光荣的社会风尚和精益求精的敬业风气。

（3）培养学生热爱劳动的习惯和吃苦耐劳的精神，提高学生独立自主、自律自控、自爱自强的意识和能力，增强学生的自信心和责任心，提升学生职业安全感、荣誉感和幸福感，培养具有自信阳光、积极乐观、健康向上的知识型、技能型、创新型的高素质高技能人才。

（4）培养学生树立正确的劳动价值观和职业价值观，塑造良好的劳动品质，引导学生知行合一、专注创新、精益求精，培养利他工匠的劳动精神。

活动导图

第一步：
安全知识培训　→　第二步：
参观准备工作　→　第三步：
走进劳动基地　→　第四步：
分组体验　→　第五步：
总结记录报告

活动口诀

理论实践要融合，基地培训出成绩。
生产实习两不误，人才培养增欢喜。
强化技能重考核，教学科研融一体。
产教结合两不误，服务奉献争第一。

活动实践

1. 基地认知

以班级为单位，课任教师提前布置预习作业，组织班级学生认真倾听基地负责人介绍基地基本情况、基地文化等，并就学生实践过程中的安全事宜提出明确要求。

图 3-36　基地认知

2. 听取介绍

国家级高技能人才培训基地的基本功能有：

（1）强化技能训练，完成实训基地技能考核功能。

（2）产教结合，实施技能培训。

（3）服务周边，实现实训基地资源共享功能。

（4）教学科研创新，挖掘实训基地科研开发功能。

3. 基地参观

在基地负责人带领下，学生以班级为单位参观生产实训车间（场室），走参观通道，了解基地人才培养、生产性教学实践情况，适时记录要点，完成部分预习作业。

图 3-37　参观图标

图 3-38　实训车间

国家级高技能人才培训基地建设全面贯彻科学发展观，坚持学院"与萧山精神同步，和萧山经济互动"为办学宗旨，以就业为导向，走校企合作发展道路，与杭州新松机器人自动化有限公司、中信重工、环境集团、友佳精密机械、钱江电气股份有限公司、万向集团、胜达集团、杰牌控股集团有限公司、传化集团有限公司、杭州前进齿轮箱集团等多家知名央企、国企和民企在员工培训、高技能人才培训与职业技能鉴定、学制教育"订单办班"、毕业生就业、招聘等方面有良好的合作。

图 3-39　生产车间

图 3-40　智能机械手

图 3-41　生产实训

　　按照"立足工业机器人技术，夯实实训基础，注重内涵发展，加大模式创新"的思路，在模式创新方面下大功夫，坚持技能特色与培养质量并举，辐射功能与带动作用并重的高技能人才培养的办学实践。即：坚持面向工业机器人行业，以深化"工学结合""校企合作"的人才培养模式为突破口，以培训基地设备设施、内涵建设为重点，着重进行课程体系、课程设置、校本教材及师资队伍、实训设备建设，充分发挥校企合作这一优势平台，强化理论教学与实践应用的有效衔接，形成有利于工业机器人行业、企业高技能人才成长和发挥作用的社会基础、环境和氛围，推动本地区、本行业、本专业高技能人才储备和整体素质的提高。

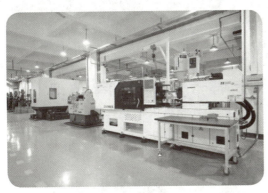

图 3-42 基地设备

国家级高技能人才培训基地已成为学院每年承办各类省级、市级、区级学生、职工技能大赛，开展各类社会培训与服务的重要阵地。学院曾多次承办国家、省、市、行业各级竞赛组织工作，包括第 44 届世界技能大赛工业控制项目浙江省选拔赛。承办竞赛工作得到省人社厅以及参赛单位的充分肯定。

图 3-43 学生实训   图 3-44 基地参观

学生根据教师布置的学习任务，如怎样搬运机器人、如何拆装机器人、如何控制机器人完成指定工作任务等分组进行实践学习探究，积极动脑动手，通过参与一些生产性实践活动，学生能够主动思考并发现问题、分析问题，科学高效地解决问题。

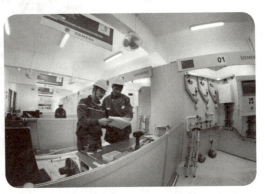

图 3-45 实操练习   图 3-46 动手实践

活动提高

1. 分组讨论

学生对在生产实践中发现的问题进行分组讨论。培养学生的个体思维、团队合作和创新创造的意识和能力，提高学生应用理论知识分析和解决实际生产性问题的能力和水平。

图 3-47　分组讨论

图 3-48　讨论研究

2. 实践验证

学生对分组讨论的结果进行实践验证，在实践验证中提高学生的理论认知和技术技能。

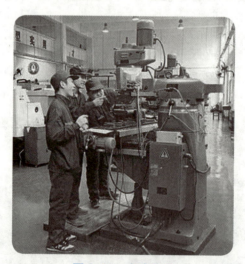

图 3-49　实践验证

3. 总结报告

学生撰写实践总结报告，记录、思考、整理劳动实践的学习过程，避免知识遗忘，形成团队学习成果，建立资源库。

活动测验

（1）掌握基地概况、安全事项等基本要求。

（2）掌握各工位基本工作内容。

（3）掌握各工位实践操作流程。

（4）各工位实践操作符合要求和规范。

（5）劳动实践总结报告条理清楚、思路清晰、重点突出、详略得当、符合要求。

 活动评价

序号	任务内容	配分	任务评价		
			自评	互评	师评
1	基地基本情况掌握程度	20			
2	场室安全生产掌握程度	20			
3	各工位学生实践操作能力	20			
4	学生日常实践综合表现	20			
5	实践总结报告内容评价	20			
6	合计	100			

注：评价按 A（18~20分）、B（15~17分）、C（11~13分）、D（8~10分）评分

活动 6　劳动实践

💬 活动名称

10S 劳动实践活动

✅ 劳动安全卫生防护知识

（1）掌握安全生产技术知识。

（2）对生产经营单位内的危险区域和设备的基本知识及注意事项要有明确认识。

（3）对电气安全知识、起重设备、高处作业等有明确的认识。

活动描述

所谓"5S"，是指"整理、整顿、清扫、清洁、素养"这五项相互关联、良性循环，最后转化为员工优秀职业素养的管理活动。在我国当代许多企业中，"5S"已经发展为"10S"，变成了"整理、整顿、清扫、清洁、素养、安全、节约、学习、服务、满意"。"10S"也日益成为从办公室到生产车间所有员工都必须参与的管理活动。

本活动旨在通过一次实训车间内的"10S"行动，将精益求精的工匠精神转化为日常的实际行动，提升我们"要做就要做最好"的意识，体验"认真、精细"带给我们的精神愉悦，使我们从现在起就练就过硬的工匠精神素质，为将来的职业发展奠定坚实的素质基础，提供可靠的行为保障。

活动目标

（1）能热爱劳动，树立爱劳动的意识。
（2）能尊重劳动，养成吃苦耐劳的精神。
（3）能熟悉10S规范。
（4）能按照10S的规范流程，管理好学习、生活、工作场所。

活动导图

| 第一步：
安全知识培训 | 第二步：
学习10S标准 | 第三步：
走进实训基地 | 第四步：
进行10S行动 | 第五步：
总结记录报告 |

活动口诀

整理整顿有诀窍，清扫清洁入门道。
天天向上贵有恒，素养良好成就高。
安全节俭必做好，效率服务达目标。
人人参与求落实，坚持到底方自豪。

活动实践

（1）了解10S管理相关知识，并熟悉我们的任务口诀。

整理：就是区分要与不要的物品，现场只保留必需的物品。

整顿：就是将必需的物品按照科学合理的原则摆放得整齐有序。

清扫：就是将工作区域内的脏污、垃圾及时清理，保持现场干净、明亮。

清洁：就是认真维护并坚持整理、整顿、清扫的效果，使其保持最佳状态。

素养：就是人人依规行事，养成良好的职业行为习惯，从而提升自身的职业品质修养和作风。这是"5S"活动的核心。

安全：是实施10S管理的意义所在。清除隐患，排除险情，预防事故的发生。保障员工的人身安全，保证生产的连续安全正常地进行，同时减少因安全事故而带来的经济损失。

节约：就是对时间、空间、能源等方面合理利用，以发挥它们的最大效能，从而创造一个高效率的、物尽其用的工作场所。实施节约时应该秉持三个观念：能用的东西尽可能利用；以自己就是主人的心态对待企业的资源；切勿随意丢弃，丢弃前要思考其剩余的使用价值。

学习：深入学习各项专业技术知识，从实践和书本中获得知识。由此使场所得到持续改善，培养学习型组织。

服务：将服务意识与工厂企业文化完美结合起来，灌输在每一个员工脑子里。使他们在日常行为准则里潜移默化地体现出"为他人、为集体、为公司"的自我服务意识。

满意：客户（外部客户、内部客户）接受有形产品和无形服务后感受到需求得到满足的状态。

（2）下达10s行动的课堂任务

本次活动的内容，主要是就实训车间内操作环境按照"10S"规范和标准进行一次彻底的清理，也就是整理、整顿、清扫。本次活动的后续要求，是将本次活动的成果能够坚持下去，形成自己的行为习惯。

具体活动步骤如下：

（1）整理：自己拟定一份清单，明确两周内每天上课必需的工具、量具、夹具、物料等，然后将不在清单范围内的所有物品从实训操作区域全部清除。

图3-50　整理

（2）整顿：将整理后的实训用品，按照工艺加工顺序、自己使用各种物品的顺序和频次等要素，合理摆放在实训区相应的位置，必要时可做些标志。摆放质量以"合理有序、取放便捷"为标准。在做这项工作前，先做一份"什么用品放在什么位置，为什么放在这个位置"的文案，然后按照这份文案执行。

图3-51　整顿

（3）清扫：对自己所使用的工具、量具、夹具、物料等，以及地面等区域内的脏污、垃圾进行清除，也就是我们常说的打扫卫生。需要注意的是，这种清扫有着极为苛刻的标准，任何地方不得留有卫生死角（特别是肉眼难以直接目视的地方、和其他同学区域交界的地方），每个细微的地方（特别是地砖缝隙、工具箱抽屉内部、物料箱内）都要做到一尘不染，量具、工具等不得有不必要的油污，等等。此外，

图 3-52 清扫

清扫完毕后的物品按规范重新盛放到位。然后，小组成员相互检查，并将检查出的要点记录下来，以便相互促进。这里，我们要形成一个理念：标准越高做起来越难，但对我们优秀行为习惯的养成越有效。

（4）清洁：在上述三项工作的基础上，坚持每天都照此办理，以巩固和发展工作成果，形成主动工作、自觉清扫与维护的良好作风。当然，我们也可以在寝室、教室等自己生活、工作、学习的场所自觉完成上述三项工作。

（5）素养："10S"行动，绝非是传统意义上的大扫除，而是现代企业综合管理和企业文化对

图 3-53 素养

员工的素质要求。因此，我们在开展这个活动时，要将自己视为工作现场的管理者，养成自觉提高、自我约束、自觉遵守的良好习惯。

（6）下达 10S 行动的课外拓展任务

同学们课下从以下环节中挑选一个，对照 10S 行动相应的标准，拿起你们的"放大镜"，列出我们的生活生产现场有哪些需要改进的问题，并将这个问题清单分享到班级群里。

图 3-54 安全

图 3-55 节约

图 3-56 服务

（7）活动感悟

就本讲活动谈谈自己的体会。表达形式可以是条文式点滴记录，可以是表格，也可以是一篇 200 字左右的短文。

 活动提高

思考设计一次暑期劳动实践活动。

 活动测验

（1）写出 10S 的具体内容。

（2）如何能做到 10S 管理内容，谈谈你的理解。

活动评价

序号	任务内容	配分	任务评价		
			自评	互评	师评
1	熟知实践活动场地的安全规程	20			
2	熟悉 10S 规范和流程	20			
3	完成班组分配的任务	20			
4	积极配合班组成员完成工作任务	20			
5	活动体会的内容评价	20			
6	合计	100			

注：评价按 A（18~20 分）、B（15~17 分）、C（11~13 分）、D（8~10 分）评分

活动 7　技能圆我人生梦

 活动名称

"技能圆我人生梦"主题微型演讲比赛（课堂活动）

劳动安全卫生防护知识

（1）提前布置会场，要注意场地安全。

（2）灯光、音响设备等电器设备安装和使用时要注意安全。

（3）演讲者要提前等候，防止出现衔接不上、冷场现象。

活动描述

　　随着现代劳动的复杂化，知识已经成为人类劳动的基础条件，技能也成为劳动质量的关键因素。在中国五千年的历史长河中，从来没有哪个时代比现在更需要技能。

　　为激发师生学习技术、掌握技能的热情，着力营造尊重劳动、弘扬工匠精神、尊重技能人才的社会氛围，以"技能成就未来"为主题，让学生们结合校园生活、学习技能的亲身经历及世赛获奖选手的事迹进行演讲。

活动目标

　　（1）通过本次活动，使学生明白努力拼搏、践行技能梦的意义，拥有精湛的技能，一样能让生命熠熠生辉，由此激发师生崇尚技能、学习技能、掌握技能的热情和信心，在今后的工作学习中发愤图强、技能圆梦。

　　（2）遵循"目标 - 信心 - 行动"的职业成长规律，用实际行动托起自己的技能梦想，让学生用技能拥抱青春、用技能书写青春、用技能成就青春、成就未来。

活动导图

第一步：资料准备 → 第二步：列举技能经历 → 第三步：准备演讲比赛 → 第四步：比赛评分 → 第五步：总结记录报告

活动口诀

职业技能是饭碗，自我提升是关键。
勤学苦练唯一路，老师指导心豁然。
工匠精神代代传，三伏数九不怕难。
学有所成行天下，精益求精立峰巅。

图 3-57　努力拼搏

图 3-58　成就未来

活动实践

（1）资料准备

从《技能成就梦想》《工匠精神读本》等读本中列举的大国工匠，从50后到90后，包括参加世界技能大赛的"技能国手"，大多是职业院校毕业生或当时还在职业院校就读的同学，列出最让你印象深刻的人物事迹或者细节，并将他们的姓名、从事的工作填入下表。

表3-1 人物事迹表

姓名	职业活动	事迹或者细节

（2）回顾自己的技能学习历程，列举出自己或者身边同学让你印象深刻的技能学习经历。

（3）根据上述准备，请以"技能成就未来"为主题，拟定一篇3分钟的演讲稿（500字左右）。具体要求如下：

①演讲内容要围绕主题，结合自己校园生活、学习技能的亲身经历，讲述身边的技能故事，结合自己对世界技能大赛和工匠精神的深刻认识和理解。

②要求做到观点鲜明、意蕴深刻、条理清楚、言简意赅、有说服力和感染力。

（3）在教师组织下，上讲台发表演讲，或者制作成微视频在班级群发布。具体要求如下：

图3-59 演讲者

①演讲规则

演讲要求脱稿。演讲内容应围绕主题，题目自拟。

②每位选手演讲时间为三至五分钟，由记时员计时、提示，不足或超出规定时间，相应扣分。

任务评价

（1）在班级教室活动现场，组织班委或小组长成立评委会，参照评分要点进行打分。

（2）课外时间，利用微信扫描二维码创建投票，统计票数，进行分数累加。

（3）最终老师在汇总所有结果之后，进行活动点评。

表 3-2 《技能成就未来》演讲比赛评分要点

评分项目	评分要点
演讲内容	思想内容要紧紧围绕主题，观点正确鲜明，内容充实具体。（10分）
	材料真实、典型、新颖，事迹感人，实例生动，体现时代精神。（10分）
	演讲结构严谨，文字简练流畅，构思巧妙，引人入胜。（10分）
语言表达	普通话标准，语言规范，吐字清晰，声音洪亮圆润。（10分）
	脱稿，演讲表达清楚，流畅自然，有激情，富有感染力。（10分）
	语言艺术处理得当，语速适中，语气、语调、音量、节奏有张有弛。（10分）
形象风度	着装得体，仪态端庄、自然大方，感情充沛，精神饱满，能够运用姿态、动作、手势、表情等表达演讲主题。（10分）
综合效果	结构紧凑完整，富有韵味和感染力，引发听众共鸣。（10分）
	时间控制适当，演讲效果良好。（10分）

 活动提高

参加技能比武，在大赛中历练技能水平。

 活动测验

（1）实现人生梦想我们需要做哪些准备？

（2）怎样掌握一技之长，练就过硬本领？

 活动评价

序号	任务内容	配分	任务评价		
			自评	互评	师评
1	提前准备，撰写计划	20			
2	活动组织，注意安全	20			
3	参与演讲，声情并茂	20			
4	交流讨论，提高认识	20			
5	书面心得体会	20			
6	合计	100			

注：评价按 A（18~20分）、B（15~17分）、C（11~13分）、D（8~10分）评分

第四篇

提高劳动技能

任务一　提高职业劳动技能

任务二　劳动创造美好生活

提高职业劳动技能

任务描述

　　当今社会，随着市场经济的飞速发展和企业改革的不断深化，如何提高劳动者的劳动技能已经成为一个迫切的课题。党和政府高瞻远瞩，在全国范围内开展职业技能提升行动，其重点在于充分发挥职业技能培训稳就业、促创业和提升劳动者技能素质及就业能力的重要作用，适应就业创业和企业发展需求，进一步服务经济社会发展。通过职业技能提升，扩大就业、稳定社会，为高新技术产业和新基建建设培养和提供更多人才，精准发力，推动经济高质量发展。

任务目标

　　1. 掌握劳动技能的概念及其本质，认识提高职业劳动技能的重要性。
　　2. 了解职业技能培训的相关知识。
　　3. 以专业社团和职业能力竞赛为平台，通过参加活动、训练、比赛提升技能水平。
　　4. 通过顶岗实习了解市场和企业对人才和岗位的需求，有针对性地进行技能提升。

 **提升职业技能水平**

💬 活动名称

职业技能知识培训

🛡️ 劳动安全卫生防护知识

　　（1）职业技能理论培训时，不要乱动现场仪器，如投影仪等设备，防止触电、划伤等危险。

（2）职业技能实践培训时，要认真听取指导老师讲解操作步骤，不可自己提前或不按步骤操作；需要穿防静电服、工装的操作，一定提前穿戴好。

（3）现场遇到问题或故障，要及时找老师解决。

活动描述

职业技能培训三大要素：培训教师是主体、培训学员是中心、培训教材是实质。为了培养学生的职业技术劳动意识和劳动能力，应从这三个要素入手，进一步提升职业技能水平。

请同学们来讨论职业技能提升培训方案如何撰写、如何实施？如何获取证明职业技能水平的资格证书？

本次活动打造的职业技能培训提升计划，需经过精心组织策划，撰写提升方案，与企业进行合作，通过利用寒暑假定期到企业进行实践，使学生真正体验到职业技能水平的重要性。职业技能培训起到纽带作用，使在校生对职业技能劳动教育工作有一定的认识与了解，同时让同学们更深刻地了解劳动的重要性，提高了同学们参加职业技能培训的积极性，全面提升劳动者就业创业能力。

活动目标

（1）能尊重职业技能培训这个劳动教育过程，培养自己把职业技能培训作为保持就业稳定、缓解结构性就业矛盾的关键举措。

（2）能正确看待职业技能培训提升，通过参加这个提升行动，提高自己职业技能水平、劳动能力。

（3）能通过针对性、实效性的职业技能培训，拓宽毕业生就业渠道，全面提升劳动者就业创业能力。

活动导图

第一步 确定培训方案—撰写、可行性、定稿 → 第二步 实施培训方案—分角色实施 → 第三步 获取职业技能水平证书—职业能力及标准 → 第四步 提高与扩展—深入了解职业技能培训 → 第五步 总结评价—学生自我评价

活动口诀

职业技能很重要，自我提升天地长。
根据方案去实施，脚踏实地奔职场。
加入过程找同行，你我一起把帆航。
学好技能把岗找，毕业之际心豁朗。

活动实践

（1）自己目前有什么职业技能，需要在哪方面进行提升，试着撰写一下提升方案。

①调研职业技能证书和标准

学校专业设置不同，从事岗位也就不同。利用节假日、寒暑假对学校所在地的相关大中型企业进行调研，汇总所在专业岗位要求、所需职业能力、职业资格证书。清楚具备怎样的职业技能和职业证书、劳动教育过程，才可胜任此岗位。

图4-1　调研职业技能证书

图4-2　调研职业技能证书和标准

②撰写职业技能培训提升方案

除平时上课学习外，要对学校或者校外机构线上职业技能培训有初步的认识，加深自己职业技能能力认识，多参加培训，了解职业技能资格证书标准和考取证书所需的知识。根据自己实际情况，撰写职业技能培训提升方案，使得自己职业技能水平尽快提升，为考取职业资格证书做准备。

（2）根据撰写的提升方案，分角色实施。

①分角色实施

培训教师：培训教师是组织职业技能培训的主体，是否能够充分调动培训教师的积极性是搞好职业培训的重要前提。

培训学员：学员是培训的受众和中心，培训的成果最终要体现在学员的技能提升上。培训学员范围广泛、水平不同，必须根据培训对象开展不同培训；培训后的结果不只体现为学习成绩，更需要专门的技能评价，并应能直接促进其职业发展。

图4-3　培训

培训教材：高质量的培训必须有高质量的教材做保障，当前培训市场教材使用混乱，严重影响培训质量。全面推行企业新型学徒制、现代学徒制培训，企业新型学徒制培训教材由三类教材组成，包括通用素质类、专业基础类和操作技能类，并配套开发数字课程和教学资源。

②考取职业资格证书

职业资格与职业劳动的具体要求密切结合，更直接、更准确地反映了特定职业的实际工作标准和操作规范，以及劳动者从事该职业所达到的实际工作能力水平。

开展职业技能鉴定，推行职业资格证书制度，是落实党中央、国务院提出的"科教兴国"战略方针的重要举措，也是我国人力资源开发的一项战略措施。这对于提高劳动者素质、促进劳动力市场的建设以及深化国有企业改革、促进经济发展都具有重要意义。

图4-4　科教兴国

图4-5　科学研究

活动提高

（1）学习中华人民共和国人力资源和社会保障部从职业培训三要素解读《职业技能提升行动方案》。

（2）了解国家职业技能证书等级

我国职业资格证书分为五个等级：初级（五级）、中级（四级）、高级（三级）、技师（二级）和高级技师（一级）。

 活动测验

（1）上网查一个与自己专业相关的职业资格证书，初级资格考试的申报要求、考试大纲、教材，鉴定考试需要哪些理论知识和技能知识，记录下来。

（2）针对初级资格要求，目前自己仍需要在哪些方面做出努力？

活动评价

序号	任务内容	配分	任务评价		
			自评	互评	师评
1	调研职业技能证书和标准	20			
2	撰写职业技能培训提升方案	20			
3	分角色实施	20			
4	考取职业资格证书	20			
5	撰写此次劳动教育活动的感悟	20			
6	总计	100			

注：评价按 A（18~20分）、B（15~17分）、C（11~13分）、D（8~10分）评分

 **职业能力竞赛显身手**

活动名称

参加职业能力竞赛

劳动安全卫生防护知识

（1）职业能力竞赛时，不要乱动现场仪器，防止触电、划伤等危险。

（2）竞赛前，要认真听取裁判宣读的竞赛须知，不可自己提前操作；需要穿防静电服、工装的操作，一定提前穿戴好。

（3）竞赛时现场遇到机器问题或故障，要及时找监考老师解决，不可带电自己操作恢复。

活动描述

请同学们根据自己专业、学校情况，来组织或参加一场校内线上和线下职业能力竞赛；并根据学校所属地实际情况，参加一场所属地市职业能力竞赛。

本次活动打造的职业能力竞赛技能型劳动实践过程，以赛促教、以赛促学，提高自己职业技能水平，提高组织能力、团结协作能力、心理素质以及解决实际问题能力，提高行业就业竞争能力。使在校生对技能型劳动教育工作有了一定的认识与了解，同时让同学们更深刻地了解职业竞赛的重要性，提高了同学们参加职业能力竞赛的积极性。

活动目标

（1）参与职业能力竞赛这个技能型劳动实践过程，提高自己技能水平，提高行业就业竞争能力。

（2）能正确看待职业能力竞赛，以赛促教、以赛促学，通过参加竞赛，提高自己职业技能水平，提高职业劳动能力。

（3）能通过适当参加职业能力竞赛活动，提高组织能力、团结协作能力、心理素质以及解决实际问题能力，全面提升参与者就业能力，让更多青年崇尚技能、提高技能、传播技能。

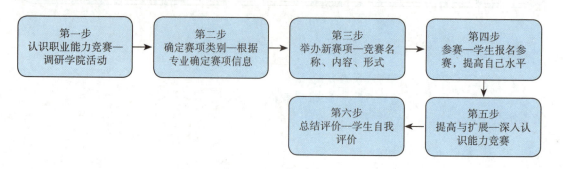

活动导图

第一步
认识职业能力竞赛—调研学院活动

第二步
确定赛项类别—根据专业确定赛项信息

第三步
举办新赛项—竞赛名称、内容、形式

第四步
参赛—学生报名参赛，提高自己水平

第六步
总结评价—学生自我评价

第五步
提高与扩展—深入认识能力竞赛

活动口诀

技能赛场练水平，比武平台任驰骋。

摆正心态交朋友，扬长补短眼界清。

找准差距心远行，聚精会神步步营。

一点一滴求进步，争创佳绩明如镜。

活动实践

（1）调研自己学院，针对自己所在专业，目前学生在校可以参加什么职业能力竞赛？如果没有此专业的职业能力竞赛，请根据学校制度申请一个院级职业能力竞赛。

图4-6　活动实践

图4-7　操作实践

学校专业设置不同，能参加的职业能力竞赛也就不同。利用学院举办的各项活动，如主题活动月、技能展示月、校企合作竞技等活动，汇总所在专业的学生能参加的竞赛名称、竞赛内容、竞赛形式、竞赛时间等信息。若专业是新专业或传统专业，没有设备、仪器等支撑，可以举办线上知识型的竞赛活动。

（2）在学院的职业能力竞赛中取得不错的成绩，参加地市的比赛或直接参加省赛、国赛。

图 4-8　职业竞赛

 活动提高

1. 中华人民共和国第一届职业技能大赛

共设 86 个比赛项目，其中世赛选拔项目 63 项，国赛精选项目 23 项。

2. 竞赛内容及奖励措施

对全国总决赛各竞赛项目获得前 3 名的选手，相应颁发金、银、铜牌。对前 3 名以外但排名在参赛人数 1/2 以上的选手颁发优胜奖。对各竞赛项目前 5 名获奖选手（团队双人赛项前 3 名、三人赛项前 2 名），授予"全国技术能手"称号。获优胜奖以上选手可直接晋升技师（二级）职业资格或职业技能等级，已具有技师（二级）职业资格或职业技能等级的可晋升高级技师（一级）。大赛世赛选拔项目单人项目前 10 名、团队项目前 5 名选手将直接入围第 46 届世界技能大赛中国集训队。

图 4-9　颁奖典礼

图 4-10 中国技能大赛

 活动测验

（1）举办一个职业能力竞赛，流程是什么，需要哪些部门支持，有哪些竞赛文档和竞赛资料？记录下来。

（2）山东省目前举办的职业能力竞赛有哪些？根据自己实际情况，能参加哪些比赛，竞赛内容是什么？

 活动评价

序号	任务内容	配分	任务评价		
			自评	互评	师评
1	了解各类职业能力赛项知识	20			
2	设计一个新赛项	20			
3	参加一项职业能力竞赛	20			
4	竞赛成绩	20			
5	撰写参加职业能力竞赛的感悟	20			
6	总计	100			

注：评价按 A（18~20分）、B（15~17分）、C（11~13分）、D（8~10分）评分

 **活动 3** 专业兴趣社团促进步

活动名称

开展专业社团活动

劳动安全卫生防护知识

（1）严格遵守专业兴趣社团组织章程，不得私自开展个人行动。

（2）外出活动时听从社团安排，有组织、有纪律，开展活动时注意生命安全。

活动描述

某学校刚入学不久的一年级新生，对于自己的专业方向和就业认识不够，又对自己毕业以后从事何种职业特别感兴趣。现在感觉很纠结，请对该学生做一下分析，通过专业兴趣社团帮助他完成职业兴趣的培养，让他认识到课下参加适量的劳动教育有助于劳动态度和观念的培养。

本次活动打造的"职业兴趣社团"模式，须经过精心组织策划，健全组织架构，与企业进行合作，通过利用寒暑假定期到企业进行模拟实践，让学生真正体验到职业兴趣的重要性，对劳动教育工作有了一定的认识与了解，同时让同学们更深刻地了解劳动的重要性，提高了同学们参加职业兴趣社团的积极性。

活动目标

（1）通过本次任务，能激发学生培养良好职业兴趣的动力。

（2）能培养学生对职业兴趣社团的认识，鼓励学生主动参加社团。

（3）能培养自己沟通交流、团队协作能力，能帮助学生认识和发展自己职业能力。

（4）能培养学生在参加专业兴趣社团活动时具有正确的劳动观点和正确的劳动态度。

活动导图

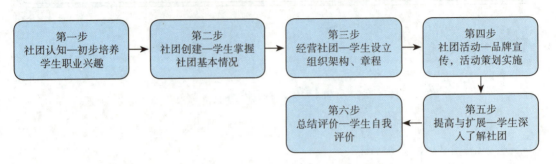

第一步 社团认知—初步培养 学生职业兴趣	第二步 社团创建—学生掌握 社团基本情况

第一步 社团认知—初步培养学生职业兴趣 → 第二步 社团创建—学生掌握社团基本情况 → 第三步 经营社团—学生设立组织架构、章程 → 第四步 社团活动—品牌宣传，活动策划实施 → 第五步 提高与扩展—学生深入了解社团 → 第六步 总结评价—学生自我评价

活动口诀

职业兴趣很关键，找对方向少困难。
加入社团试试手，锻炼自己求发展。
技能服务纳百川，青春风正一帆悬。
遇到问题找老师，惑解业成心道远。

活动实践

（1）自己的职业兴趣类型是什么？

人格可分为现实型、研究型、艺术型、社会型、营运型和传统型六种类型，从而决定职业兴趣有六大类型。

图 4-11 关系图

（2）要什么类型的职业兴趣社团？

①调研职业岗位

学校专业设置不同，从事岗位也就不同。利用节假日、寒暑假对学校所在地的相关大中型企业进行调研，汇总所在专业岗位要求、所需职业能力。明确具备怎样的劳动教育过程才可胜任此岗位。

②确定职业兴趣，加入对应社团

除平时上课学习外，要对学校社团有初步的认识，加强自己交流能力，多参加活动，了解职业兴趣社团。根据自己平时培养的兴趣爱好，选择社团进行加入。多帮助同学解决实际问题，通过参加职业兴趣社团举办的各种活动来加深对劳动教育的认识。

图 4-12　社团

图 4-13　社团活动

（3）如何创建专业兴趣社团？

①填写社团基本信息

根据每个学校对于社团的不同要求，准备的基本信息有：社团名称、社团类别、社团宗旨、发起人、指导老师、拟定负责人。

②社团成立申请书

注意格式，写明成立理由，本职业兴趣社团具有什么优势，能帮助学生解决什么问题。

③填写社团章程

主要包含社团基本信息、社团任务、会员权利及义务、组织机构、职能设置等信息。

④可行性分析及计划

本职业兴趣社团存在的必要性，未来实施的可行性以及成立之后近期有什么计划。

（4）如何经营专业兴趣社团？

①设置组织架构

目前常见的组织架构分为扁平型、智慧型和金字塔型。通常职业兴趣社团架构比企业要简单。选用扁平化结构，具有精简、沟通高效的特性。不同组织架构，因其社团不同、目标不同，自然也各不相同。

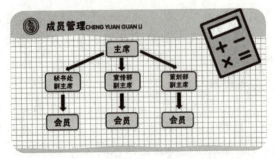

图 4-14　成员管理

②品牌宣传

目前宣传方式采用线上宣传较多，即新媒体运营。一般最常见的平台就是：微博、校园空间、公众号和群。此外，抖音、头条、知乎等平台也有人去尝试，因人而异，不同平台的特点、作用和推荐机制也都不同。

内容发布方面一定要和职业兴趣社团的定位有很强的关联性，除此之外，不同的内容也要进行分类，这样才方便用户进行检索。

③活动策划及实施

品牌活动效应自然是要有的，和内容策划一样，首先要明确目的。要分工明确，如果有企业赞助就很好，一般第一次做活动可能人数不见得会特别多。活动结束后也一定要在例会上复盘，列出优点日后继续保持，列出不足日后加以改正。

活动实施要切合实际，多组织社团的学生参加各种职业相关的实践活动，借助基本的技术掌握、生活实际问题解决等形成劳动教育成果。"学中劳"是重点，借助社会实践活动、社团活动等储备未来工作生活的基本技能。

④社团成员维护

目前由于互联网的高速发展，我们沟通交流多采用网络，最常见的就是微信群、QQ 群，除了每天和成员交流提高活跃度以外，也可以宣传活动，但同样也要每天更新一些不错的内容，不过内容不要太多，更多的还是要鼓励用户产出内容以达到高质量交流的目的。

 活动提高

策划并开展一次专业兴趣社团和调研采访活动。

 活动测验

请各小组利用课下时间或寒暑假时间通过职业兴趣社团积极开展各种劳动实践活动，并记录下来。

活动评价

序号	任务内容	配分	任务评价		
			自评	互评	师评
1	调研职业岗位	20			
2	找对职业兴趣，加入对应社团	20			
3	创建专业兴趣社团	20			
4	经营专业兴趣社团	20			
5	撰写参加兴趣社团的感悟	20			
6	总计	100			

注：评价按 A（18~20分）、B（15~17分）、C（11~13分）、D（8~10分）评分

活动 4　顶岗实习锤炼综合职业能力

 活动名称

开展顶岗实习

劳动安全卫生防护知识

（1）顶岗实习时，不要乱动现场仪器等设备，防止触电、划伤等危险。

（2）顶岗实习时，要认真听取企业老师讲解工作要领及设备操作步骤，不可不经允许提前操作；需穿防静电服、工装等场所时，一定提前穿戴好。

（3）工作现场遇到问题或故障，要及时找企业老师解决。

活动描述

顶岗实习对培养职业院校学生具有良好的职业道德和创新精神起很大作用，特别是在提高职业素养方面具有不可替代的作用。为充分实现这一功能，学校要积极与企业合作，在学生顶岗实习过程中不断总结经验、认真完善制度、加强监督等一系列流程，为学生顶岗实习提供保证。

顶岗实习实践过程由学校、企业、学生共同完成，能够满足学校、企业、学生三方不同层次的需要，实现互利共赢。

请同学们分角色（学校、企业、学生）来谈顶岗实习如何正确开展来进一步提升学生综合职业能力？各方的职责是什么？如何评价学生的顶岗实习？

本次活动打造的顶岗实习，须经过精心组织策划，撰写计划方案，与企业进行合作，使学生真正体验到顶岗实习的重要性。使在校生对顶岗实习实践过程有了一定的认识与了解，同时让同学们更深刻地了解参与企业劳动的重要性，提高了同学们参加顶岗实习的积极性，全面提升综合职业能力。

活动目标

（1）能尊重顶岗实习这个校外实践过程，培养自己把顶岗实习作为保持就业稳定、缓解结构性就业矛盾的关键举措。

（2）能正确看待顶岗实习，通过参加这个实践活动，提高自己职业道德、职业素养和职业技能水平，提高就业者劳动能力。

（3）能通过针对性、实效性的顶岗实习，拓宽毕业生就业领域和岗位，全面提升劳动者职业能力。

活动导图

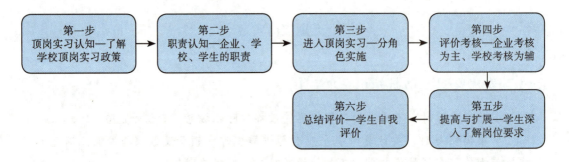

```
第一步              第二步              第三步              第四步
顶岗实习认知—了解    职责认知—企业、学    进入顶岗实习—分角    评价考核—企业考核
学校顶岗实习政策  →  校、学生的职责    →  色实施           →  为主、学校考核为辅
                                                                    ↓
第六步              第五步
总结评价—学生自我    提高与扩展—学生深
评价          ←     入了解岗位要求
```

活动口诀

顶岗实习很重要，专业对口把路找。

立足岗位多实践，投身技能有提高。

加入团队提自我，全面发展人增笑。

珍惜眼前勤努力，心向未来前景好。

活动实践

（1）对于顶岗实习重要参与的校、企、生三方，各自都有什么职责，需要在哪方面锤炼学生的综合职业能力？

①调研所在院系学生顶岗实习执行情况

学校专业设置不同，顶岗实习从事岗位也就不同。通过院系了解所在专业顶岗实习安排，通过班主任、教学主任了解上几届师兄师姐顶岗实习情况，利用节假日、寒暑假对学校合作的相关企业进行实地调研，汇总顶岗实习岗位要求、所需职业能力、学生实际表现、实施过程、考核等情况。根据调研情况，拟定校、企、生三方职责。

②顶岗实习实践过程很重要，使三方获益

对企业而言，通过顶岗实习，可以在实习的学生中择优选拔，为企业提供人才储备；对学校而言，利用企业资源，在真实的环境中完成对学生的培养，提高了学校人才培养质量，解决学生的就业问题；对学生而言，以员工的身份在真实的企业环境中边工作边学习，既提高了专业能力，又具有企业工作经历，为以后实际上岗缩短时间。

图 4-15　活动体验

③拟定顶岗实习制度和三方协议

根据院校实际情况，以行业、企业用人标准为准则，拟定顶岗实习制度，为顶岗实习提供保障。学校和企业之间建立长久的校企合作关系，须签订三方协议。按照协议的内容，企业接受学生进行顶岗实习。

（2）根据学校制定的顶岗实习计划，如何实施才能保证学生的职业能力得到提升？顶岗实习结束后如何对学生进行评价考核？

①分角色实施顶岗实习

学校：顶岗实习前，学院为企业提供顶岗实习计划和实习学生名单，对学生做顶岗实习前教育，教育学生遵守公司相关制度，为学生下发《顶岗实习公约》《顶岗实习协议》。学院派专业教师巡回指导学生顶岗实习，协调学生和企业之间发生的问题，按照学院教学管理制度检查顶岗实习学生学习、工作等行为规范。技师与企业人员沟通交流，调研岗位工作技能要求，适时调整顶岗实习计划。

企业：入职后，企业给学生做入职培训。为学生选派技术能力强、工作经验丰富的技术骨干担任学生的实习教师，负责指导学生根据工作计划进行实施，同时为学生进行实习鉴定。

学生：遵守学校、企业制度，按时完成任务，服从公司管理。填写工作日志，撰写工作总结。

②企业考核为主、学校考核为辅的综合评价考核

学生顶岗实习的考核评价以综合评价为主，评价内容包括出勤情况、工作态度、任务完成情况、企业鉴定、实习报告等。以企业考核为主、学校考核为辅的方式对顶岗实习进行综合评价。

 活动提高

（1）学习中华人民共和国教育部职业教育与成人教育司颁布的职业学校专业（类）顶岗实习标准。

（2）顶岗实习管理办法

调研5所省内职业院校对学生的顶岗实习制定的各种管理办法。

图4-16　活动提高

活动测验

（1）上本校官网查招生就业部门或教务处对于学生顶岗实习的管理办法，记录下来。

（2）针对顶岗实习要求，目前自己仍需要在哪些方面做出努力？

 活动评价

序号	任务内容	配分	任务评价		
			自评	互评	师评
1	调研所在院系学生顶岗实习执行情况	20			
2	拟定顶岗实习制度和三方协议	20			
3	分角色实施顶岗实习	20			
4	撰写顶岗实习报告	20			
5	综合评价考核	20			
6	总计	100			

注：评价按 A（18~20分）、B（15~17分）、C（11~13分）、D（8~10分）评分

活动 5 劳动创造新天地

 活动名称

参观创业孵化基地

劳动安全卫生防护知识

（1）创业者创造劳动时，不要乱动孵化基地的现场设备，如计算机、投影仪等设备，防止触电、划伤等危险。

（2）创业者在孵化基地初始创业时，要认真听取相关指导专家意见，不可自己盲目创业造成一定的损失。

（3）现场遇到技术问题，要及时找相关服务人员解决，不可私自调整设备。

活动描述

创业孵化基地通过政策聚焦，汇聚各类社会资源，在创业文化、创业培训、创业指导、创业资金等优质资源的支持下为创业者提供最专业、最全面的创业服务。

请同学们思考一下，如何申请能够进入创业孵化基地，且申请后在孵化基地能享受哪些扶持？

本次活动通过申请办理相关手续，有针对性、实效性地了解孵化基地，培养学生对创业者是否成功创业的认识，努力提高学生的创新创业水平，提高劳动创造能力；努力拓宽毕业生就业渠道，全面提升劳动者就业创业能力及具有创造性劳动的能力。

活动目标

（1）能通过创业孵化基地这个平台，培养自己把具有创造性的劳动作为创业者是否成功创业的关键举措。

（2）能正确看待创业孵化基地，通过参加这个平台服务，提高自己创新创业水平，提高劳动创造能力。

（3）能通过创业针对性、实效性的孵化基地，拓宽毕业生就业渠道，全面提升劳动者就业创业能力。

活动导图

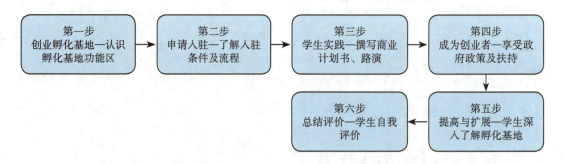

活动口诀

盲目创业易失败，孵化基地来学习。

根据政策去申请，创新思路解难题。

小处着眼立项目，培养锻炼创造力。

加入基地找同行，携手开辟新天地。

活动实践

（1）根据自己学校目前实际情况，试着申请加入当地政府或者学校的孵化基地。

①具有的申请资格

申请人需为持有《就业失业登记证》（就业创业证）的初次创业人员。法定劳动年龄段内，孵化期满时男不超过55周岁，女不超过45周岁。

②撰写创业计划书

高校毕业生需提供毕业证书，3

图4-17 创业基地

年内毕业的大学生可延长一年的孵化期。提交切实可行的《创业（项目）计划书》与可行性分析报告。

③初创者具备的能力

初创者具备一定创业项目启动资金和风险承担能力，应保证自觉遵守基地内的各项规定，积极配合基地日常管理工作，依法正常开展创业活动。

（2）进入创业孵化基地的创业者享受的扶持。

①可享受的优惠

经过调研，某创业孵化基地对现有场地、公共设施改造，提升管理服务水平购置必备的设备、管理软件等，免缴2年内的场地租金，入驻期间的电费补贴标准为每年不超过200元；采暖费补贴标准为每个采暖季不超过800元。三年内毕业的大学生可延长一年的缴费优惠。

②可享受的服务

为入驻的创业者免费提供：代办服务、政策指导、创业培训、融资服务、项目指导、专家指导等服务。协助入园项目实体领办、代办各种证照、人事档案等服务。定期组织开展创业指导、跟踪服务以及各种创业服务的专项活动。

 活动提高

（1）学习济南市公共就业服务中心出台的《关于进一步做好促进就业创业工作的实施意见》，济南创业孵化基地经认定后可领补贴。

（2）如何办理？

符合申领条件的创业孵化基地（园区），携带申请材料向所属区县公共就业服务机构提出申请；区县公共就业服务机构受理后对申报材料进行审核，符合条件的公示 5 个工作日，接受社会监督；公示无异议后，区县公共就业服务机构按规定将补贴资金支付到创业孵化基地账户，不得使用现金。

图 4-18　创业孵化中心

 活动测验

（1）上网查济南工程职业技术学院与齐鲁云商合作共建大学生创业孵化基地过程，记录下来。

（2）创新创业基地为什么是实现大众创业万众创新的孵化基地？

 活动评价

序号	任务内容	配分	任务评价		
			自评	互评	师评
1	全面了解创业孵化基地	20			
2	撰写创业计划书	20			
3	申请进入创业孵化基地	20			
4	撰写此次活动的体会和感悟	20			
5	综合评价考核	20			
6	总计	100			

注：评价按 A（18~20分）、B（15~17分）、C（11~13分）、D（8~10分）评分

活动6　技能成就未来

 **活动名称**

培养个人技能水平

劳动安全卫生防护知识

（1）技能竞赛时，不要乱动现场仪器，如投影仪等设备，防止触电、划伤等危险。

（2）技能训练时，要认真听取老师讲解操作步骤，不可自己提前操作；需要穿防静电服、工装的操作，一定提前穿戴好。

（3）现场遇到问题或故障，要及时找老师解决。

活动描述

深入贯彻落实《国家中长期人才发展规划纲要（2010—2020年）》和《中国制造2025》，积极响应我国加快培养和选拔高技能人才、推动高技能人才队伍建设的有关号召，引导广大青年大力弘扬工匠精神，推动中国制造实现转型升级。请同学们根据自己情况来看自己的技能处于什么水平，技能培养和提升的途径有哪些？

本次活动打造的技能改变命运这一实际现象，培养自己把技能提升作为保持就业稳定、缓解结构性就业矛盾的关键举措；通过参加技能比赛，尊重技能、崇尚技能的氛围，提高自己技能水平，提高劳动能力，拓宽学生技能提升渠道，树立技能成就未来意识。

活动目标

（1）能尊重技能改变命运这一现实，培养自己把技能提升作为保持就业稳定、缓解结构性就业矛盾的关键举措。

（2）能正确看待技能的重要性，通过参加技能比赛，提高尊重技能、崇尚技能的意识，强化自己技能水平和劳动能力。

（3）能通过针对性、实效性的技能培训和竞赛，拓宽学生技能提升渠道，树立技能成就未来意识。

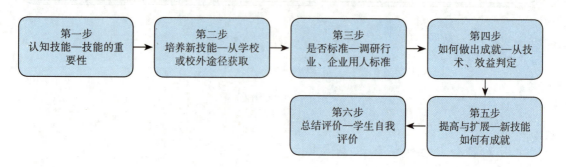

活动导图

```
第一步              第二步              第三步              第四步
认知技能—技能的重   培养新技能—从学校   是否标准—调研行    如何做出成就—从技
要性          →    或校外途径获取  →   业、企业用人标准 →  术、效益判定

                                                              ↓
              第六步              第五步
              总结评价—学生自我   提高与扩展—新技能
              评价          ←     如何有成就
```

活动口诀

技能知识改人生，技能实践成梦想。

青年创新领发展，技能品质铸辉煌。

一点一滴求进步，一朝一夕志气刚。

技能竞赛练水平，工匠精神任弘扬。

活动实践

根据自己的实际情况，思考目前有什么技能，在哪些方面有实际应用，能做出一番成就？

1. 运用已有技能做出一番成就

学校专业设置不同，从事岗位也就不同。利用节假日、寒暑假对学校所在地的相关大中型企业进行调研，汇总相关专业岗位要求、所需技能。分析具备怎样的职业技能才可在此岗位做出一番成就。

2. 如何培养新技能

除平时上课学习外，要对学校或者校外机构线上职业技能培养有初步的认识，加深自己职业技能能力认识，多参加技能活动，了解职业技能竞赛标准。根据自己实际情况，如何培养学习新技能，使得自己职业技能水平和能力尽快提升，为世界技能竞赛做准备。

图 4-19　培养新技能

图 4-20　培养技能

 活动提高

通过网上查阅资料，学习世界技能大赛在你省的具体竞赛项目、竞赛内容以及竞赛标准等文件。

 活动测验

（1）查阅相关资料，列举第46届世界技能大赛新增项目。

（2）针对世界技能大赛各个赛项具体要求，目前自己仍需要在哪些方面做出努力？

图 4-21　活动扩展

活动评价

序号	任务内容	配分	任务评价		
			自评	互评	师评
1	开展大中型企业调研	20			
2	熟悉岗位要求、所需技能	20			
3	参加一次专业技能培训	20			
4	报名参加一次技能比赛	20			
5	撰写参加相关培训及活动的感悟	20			
6	总计	100			

注：评价按 A（18~20 分）、B（15~17 分）、C（11~13 分）、D（8~10 分）评分

任务二 劳动创造美好生活

 任务描述

　　劳动创造人类，正是因为劳动，人类告别了茹毛饮血、衣不蔽体的生活，开始直立行走，成为万物之灵长。随着生产生活资料的不断丰富，劳动不仅仅是谋生手段，更逐渐成为生活的第一需要。正如习近平总书记所指出的："劳动是人类的本质活动，劳动光荣、创造伟大是对人类文明进步规律的重要诠释。"

　　职业院校的青年学生正处在由学校进入社会的过渡期，作为新时代的高技能人才，未来祖国现代化建设的接班人，更需要在扎实理论基础、掌握技能本领的基础上，广泛接触奋战在第一线的各行各业的劳动者们，在社会的大课堂中去实践和深造，亲身体验劳动的意义和辛劳，加深认识、积累经验。有机会和条件的鼓励校园创业，为今后自主创办企业、立足社会、创造财富实现自身价值奠定坚实的基础。

任务目标

1. 能够通过自谋职业找到合适的岗位，初步实现自给自足。

2. 通过社会调查了解调查对象的劳动状态，了解不同行业的劳动特点和岗位人才需求。

3. 掌握创业计划书的写作格式、内容要素和相关注意事项。

4. 合理选择校园创业项目，结合自身实际进行经营管理。

活动 1 自己动手丰衣足食

 活动名称

打工解决学费、生活费

🛡 劳动安全卫生防护知识

（1）查找规范的用工信息，警惕虚假广告。

（2）了解打工行业的准入资格和必要资质。

（3）明确工作内容、工资待遇、劳动时间，签订合同。

（4）与家人、师友保持联系，沟通工作情况。

（5）注意交通、人身、财产、工作场合安全。

💬 活动描述

劳动是人类生存的基本方式，是我们获取资源赖以生存必需的付出。"民生在勤，勤则不匮"，以自己所长满足他人社会生活所需，可以获取合理的报酬。本次活动我们就尝试在课余时间做一份短工，可以是商场、超市理货员、收银员、安保员，可以是产品销售员、活动主持人，可以是游乐场所服务人员，或是其他我们力所能及的打工项目。

活动目标

（1）完成一份打工项目的信息查找，获得工作机会。

（2）做好前期准备，通过面试。

（3）完成打工任务，获得收入。

（4）体验劳动创造财富的成就感。

（5）在人际交往、沟通交流、从业经验方面获得经验。

活动导图

第一步：查找用工信息 → 第二步：分析与自己匹配程度 → 第三步：参加面试选拔 → 第四步：完成打工任务

活动口诀

走出校园进社会，打工赚钱受苦累。

用工信息筛选好，参照特长找匹配。

面试选拔待反馈，岗位职责巧应对。

真诚付出有长进，体验生活真滋味。

活动实践

（1）通过各种渠道查找用工信息，例如：学校招生就业部门、人才招聘会、中介公司、58同城和百姓网等网络平台、亲友关系、店面广告等。

图4-22　通过互联网查找用工信息

图4-23　通过各种渠道查找用工信息

（2）筛选信息。通过官网或者现实等方式求证辨别信息真伪，根据自己专业特长和预设目标对信息进行筛选。警惕低门槛"高薪"、小广告、交押金培训费等。

图 4-24 筛选

一周岗位精选

义乌人才网 义乌人才网 今天

香港业华（中国）投资有限公司义乌办事处

香水瓶产品经理/外贸业务员 1名 5000-6000元+提成
【每周单休 包3餐 每年1次国内长途旅游 年终奖】
职位要求
1、熟悉出口操作流程，具备独立业务操作能力；
2、大专以上学历，口语流利，书面表达清晰、顺畅，能熟练操作常用办公软件；
3、有责任感，性格开朗，良好的沟通和团队合作意识；
4、有志于从事外贸行业并有明确的规划和目标成为本行业精英；
5、义乌市场熟悉，有玻璃香水瓶经验2年以上

外贸业务员1名 2名 5000-6000元+提成
【每周单休 包3餐 每年1次国内长途旅游 年终奖】
职位要求
1、熟悉出口操作流程，具备独立业务操作能力；
2、大专以上学历，口语流利，书面表达清晰、顺畅，能熟练操作常用办公软件；
3、有责任感，性格开朗，良好的沟通和团队合作意识；
4、有志于从事外贸行业并有明确的规划和目标成为本行业精英；
5、义乌市场熟悉，有传统外贸工作经验3年以上

图 4-25 筛选岗位

图 4-26 漫画筛选

图 4-27　防受骗

（3）制作并提交简历。为了进一步了解情况以及方便以后联系，有时候打工需要提交简历，要点包括姓名、身份信息等基本情况介绍和求职目标、个人资历与优势。有时候用求职信主动求职也是不错的选择，将自己的资历与优势表述清楚，希望寻找什么样的工作岗位表达明白，然后递交给可能提供岗位的管理者。

图 4-28　制作简历

图 4-29　提交简历

简历的一般格式

个人资料：

姓　　名：　　　　　　　　　　性　　别：

民　　族：　　　　　　　　　　邮　　编：

政治面貌：　　　　　　　　　　出生日期：

身　　高：　　cm　　　　　　　体　　重：　　kg

籍　　贯：　　　　　　　　　　健康状况：

现住址：

电　　话：　　　　　　　　　　电子邮箱：

（贴照片处）

教育背景：

社会实践：

校内实践：

获奖情况：

相关技能：

求职意向：

自我评价：

（4）根据具体情况参加面试，有的相对随意，有的比较正式，要认真而真诚地进行回答，礼貌地回应，适当预演一下可能会问到的问题。一定守时，注意衣着不要过于随意，尽可能除去各种无关饰品，避免过多的无关动作。适当练习坐立行走、握手、微笑等基本动作和礼仪。

图 4-30　练习站姿

图 4-31　练习握手

（5）认真完成岗位工作，遵守职业道德，履行岗位职责，获得劳动报酬。一般情况下，不同行业会有自己的职业道德核心内容。如：

机械人员：质量第一，信誉第一；遵规守纪，安全生产。

服务人员：主动热情，周到服务；顾客至上，文明礼貌。

驾驶人员：遵章守纪，安全正点；文明驾驶，爱车降耗。

会计人员：遵章守纪，廉洁自律；业务过硬，保守秘密。

幼儿教师：充满爱心，尽职尽责；为人师表，积极向上。

医务人员：救死扶伤，高度负责；医术精湛，奉献爱心。

行政人员：勤政高效，顾全大局；清正廉洁，率先垂范。

图 4-32　认真工作

图 4-33　认真检修

（6）做好工作情况汇报和工作交接。认真进行工作汇报，按要求填写工作交接单，圆满完成工作后离岗。

表4-1　工作交接单

离职员工姓名：　离职日期：			
工作交接内容	交接日期	完成情况说明	接交人签字

主管对工作交接完成情况反馈：

签字：

　　　年　　月　　日

声明：我确保以上交接真实有效未做隐瞒，由此引起的问题愿承担法律后果。

　　　　　　　　　　　　　　　　　　　　　　　离职员工签字：

　　　　　　　　　　　　　　　　　　　　　　　　　年　　月　　日

一、仿做一份简历

一份明快美观的简历可以让人很快了解你，并且详细提供口头表达不能充分展示的信息，帮助你迅速获得就业机会。请你查找简历模板，分析不同呈现格式的优势，做一份自己的专属简历。下面提供一份参考。

个人资料：

姓　　名：张云	性　　别：男	
民　　族：汉族	邮　　编：122000	
政治面貌：中共党员	出生日期：2000.03.15	
身　　高：176cm	体　　重：75kg	
籍　　贯：辽宁省朝阳市双塔区	健康状况：良好	

现住址：辽宁省朝阳市双塔区凌河街 483 号
朝阳工程技术学校

（贴照片处）

电　　话：139×××××××　　　　电子邮箱：××@163.com

教育背景：

2016.08—2019.06：朝阳工程技术学校　机电专业

社会实践：

·朝阳肯德基（大润发店）　　　　（2016.12—2017.2）　　　　服务生
培养了应变、服务和交际能力，体会了工作的辛苦与快乐，熟悉了快餐的服务流程。
·朝阳鼎新机电设备销售处（2017.6—2017.8）（2018.6—2018.8）　　　　销售服务
培养了服务意识，了解了销售机电设备的一些技巧，对机电行业有所了解。
·朝阳柴油机有限公司　　　　（2019.3—2019.6）　　　　顶岗实习
培养了操作技能、独立的能力，并多次向车间主任请教技术与管理问题。

校内实践：

·朝阳工程技术学校　　　　（2017.2—2017.3）协助老师检修机电设备
学生工作：
·16 机电 2 班体育委员
成绩：个人荣获优秀团员、优秀班干部称号；所在班级荣获卫生红旗先进班集体、校合唱一等奖、校运动会体育道德风尚奖、12.9 长跑团体第一名等。
·校学生会体育部部长
成绩：2017 年协助学校举办"秋季运动会"，在学生会其他学生干部支持与帮助下，成功举办"校 12.9 长跑比赛"

获奖情况：

- 2016.08 获"军训先进个人"（比例：1/50）
- 2016.12 参加 12.9 长跑比赛获得第一名
- 2017.5 参加学生干部培训，获得"优秀学生干部"称号
- 2017.9 参加"校园歌手大赛"，获得第二名
- 2017.12 获"党课培训优秀学员"称号（优秀比例：2/15）
- 2018.6 获"优秀团员"称号
- 2018.9 获"优秀班干部"称号

相关技能：

- 取得"电工证""车工证"
- 计算机通过省二级测试
- 熟练掌握 Word、Excel、PowerPoint 等办公软件和简单视频制作

求职意向：

- 单位维修电工
- 机电产品生产、销售、宣传、管理等相关工作

自我评价：

- 乐观开朗、诚实自信、创新进取
- 爱好体育、音乐、摄影、阅读等
- 有良好的组织、沟通、学习、策划、抗压能力和团队协作精神

邮箱：××@163.com　　　　手机：1394214****　　　QQ：18051751**

二、制作简历的原则

简历一般都用电脑排版，word 是最常用的软件。制作原则是内容适当、突出重点、简洁醒目。一般不要超过两页 A4 纸，少用大段文字。

1. 突出重点

明确自己的求职目标，简洁明快，做有针对性的版本，围绕招聘条件突出重点。招聘者寻找的是适合某一特定职位的人，简历越能适合这个职位越好。

网上招聘已越来越普遍，招聘方一般以学历、资历、薪资要求、求职意向等为关键词，快速筛选求职者。应聘者要将简历条块化，体现上述关键词，每个条块下用直观的数字和实例阐述。

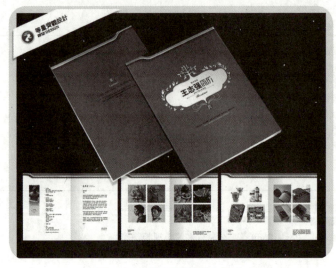

图 4-34   简历封面突出重点

2. 语言鲜活

不要大段文字，尽量运用动作性短语，给人印象深刻。要令对方在 15 秒内印象深刻，30 秒内判断出应聘者的价值，并决定是否聘用。

3. 展现优势

简历是推销自己的广告，要简短而有感召力，精雕细磨，惜墨如金，简洁而不简单。含金量不高的经历要慎用，除非对你目前应聘的岗位有实际意义。

4. 条理美观

条理清晰，结构严谨，简单明快，使用的格式要方便阅读。常用字体为宋体或楷体，尽量不用花哨的艺术字和彩色字。重点信息一般放在最突出的左上方，如基本资料、工作经历、教育与培训经历等，次要信息有条理地编排，如职业目标、核心技能、获得的奖励与荣誉、其他特长等。

5. 真实具体

不用浮夸的语言和无关痛痒的文字。如工作认真、受到大家的一致好评、热情助人、关心集体等，而应用实例或数据说明，如产生了多少业绩、进行了多长时间的实习、获得什么样的奖励。尽量避免"上下""左右""许多"之类的模糊词。

6. 注意细节

经历的叙述不能让人产生疑虑；过于简单的简历会显得不够真诚和严肃；个人资料尤其是联系方式要齐全，便于沟通；要对自己应聘情况做到心中有数，不能简历投递完了就抛之脑后，有电话打来自己压根没有印象或不在状态。

三、了解劳动法中的相关规定

学会用法律手段保护自己，了解劳动法中相关规定，有助于做求职的明白人。例如：根据国家相关法律规定，试用期的长短要与劳动合同期限相适应，同时，试用期也应包括在合同期内，最长不得超过6个月。同一用人单位对同一劳动者只能试用一次（不同工种岗位除外）。试用期限为自开始试用之日起连续计算的自然天数。劳动合同中可约定试用期。其中劳动合同期限不满6个月的，不得约定试用期；满6个月不满1年的，试用期最长不得超过1个月；满1年不满3年的，试用期最长不得超过3个月。此外，如果劳动合同只约定试用期，未约定劳动合同期限的，试用期不成立，该试用期即为劳动合同期限。

 活动测验

（1）说一说如何获取用工信息。
（2）讲一讲自己的特长与个性品质、适合的工作，试做简历。
（3）分享面试及打工活动感受，在班会或讨论分享会上交流。
（4）试着规划今后自己的从业方向，写出要点。

 活动评价

序号	任务内容	配分	任务评价		
			自评	互评	师评
1	获取用工信息	20			
2	面试准备	20			
3	岗位表现	20			
4	工作成效	20			
5	活动经验分享	20			
6	合计	100			

注：评价按A（18~20分）、B（15~17分）、C（11~13分）、D（8~10分）评分

活动2 开展社会调查

活动名称

行业工作状况调查

劳动安全卫生防护知识

（1）事先查找要开展社会调查的行业的基本资料，做足准备工作。

（2）准备好调查提纲，避免丢三落四、准备不充分。

（3）结伴按小组开展调查访谈，文明言行。

（4）因地制宜，考虑到被调查对象的时间和具体情况。

（5）注意交通、人身、财产安全。

活动描述

对幸福美好的向往，是人们孜孜以求的不竭动力。实现幸福生活的力量源泉是劳动。本次任务是通过对某行业从业人员如某工厂技术工人、4S店销售员、宠物店老板、花店店长、喷绘打字社大工等工作状况的调查，了解此类人群的收入、技能、作息、社会贡献、工作感悟情况，各小组将收集到的信息汇报分享。

活动目标

（1）了解某行业从业人员的收入、技能、作息、社会贡献、工作感悟等工作状况。

（2）分析劳动在创造生活资料、维持社会运转、实现人生价值、构建人际网络等方面的作用。

（3）通过小组分享了解不同行业的基本情况。

（4）感受劳动对幸福生活的保障作用。

（5）进一步对个人职业生涯做出预期。

活动导图

第一步：查找行业信息 → 第二步：撰写调查提纲 → 第三步：进行社会调查 → 第四步：分析调查结果 → 第五步：总结记录报告

活动口诀

世间三百六十行，行行有道不寻常。

人人心中各有数，各司其职多奔忙。

有为有位有梦想，学好技能本领棒。

了解社会再努力，学有所长做栋梁。

活动实践

（1）研讨社会调查的行业。根据可以联系到的资源能够比较深入了解真实情况，确定拟调查行业。可以由老师推荐企业、同学亲友提供单位，或者利用较方便条件随机调查等。尽量选择与自己所在行业相同或相近的，对今后职业生涯发展有所启示的行业或单位。

图 4-35　任务实践

图 4-36　各种职业

（2）做好必要的沟通，约好开展社会调查的时间、地点、时长和调查的大致内容，以便对方做出相应准备。可以适当准备一点儿小礼品表示感谢，获得支持。

图 4-37　沟通

图 4-38　准备

（3）通过面谈或网谈等了解某行业从业人员的工作环境、所处行业的基本情况、收入、技能、作息、社会贡献、工作感悟、对未来规划等工作状况。可以适当准备谈话的题目和要点，做好记录，要观察受访对象的反应，认真进行互动交流。要与被访谈对象做好必要的沟通，如说明仅做学习调查使用，注意保护受访对象隐私，不要擅自录音录像，以免引人反感或纠纷。

图 4-39　了解企业

图 4-40　了解设备

（4）结合调查获取的信息，分析劳动在创造生活资料、维持社会运转、实现人生价值、构建人际网络等方面的作用。

图 4-41　市场调查

图 4-42　实地调查

（5）各小组汇合后分享了解不同行业的基本情况。

活动提高

学习规范地开展社会调查的知识步骤，提升开展社会调查的专业性。制作专业的社会调查表，包括科学地设计问卷和设计访谈题目等。课后可以进一步了解如何开展规范的调查过程，以及结果有哪些应用等。

活动测验

（1）说一说不同行业劳动的特点。

（2）讲一讲对不同行业劳动的直观感受。

（3）分享你在调查过程中遇到的印象深刻的人或事。

（4）梳理一下你的收获和对今后学习工作的启示。

 活动评价

序号	任务内容	配分	任务评价		
			自评	互评	师评
1	成功选取调查行业企业或单位	20			
2	顺利对接，开展调查	20			
3	调查过程准备充分有收获	20			
4	对劳动价值的分析情况	20			
5	活动收获分享	20			
6	合计	100			

注：评价按 A（18~20分）、B（15~17分）、C（11~13分）、D（8~10分）评分

活动 3　制 作 创 业 计 划 书

 活动名称

制定我的创业计划

✓ 劳动安全卫生防护知识

（1）了解创业项目相关行业规定，在资质、运营规范、安全防护方面做好相应准备。

（2）了解我国对于创业项目的相关规定，合法合规。

（3）做好必要的防火、防盗、财产保护等安全预案。

活动描述

信息便捷、终身学习、充满变化的时代，是创业者大展身手的好时代。创业前需要相应的调研与必要的准备。制作创业计划书是成功创业前很好的训练方式。创业计划书是一份全方位的创业计划，分析创业项目的内外部环境条件、要素、特点，是在市场调研、自我分析、创业方案等方面论证后所做的创业蓝图，可以作为创业者的创业指示图，也可以为投资商提供创业设想，供其判断投资价值。创业计划书有相对格式化的要素，可以根据模板的启示，制作自己的创业计划书，可以模拟演练创业项目的筹备过程，思索自身优势特长及能力欠缺之处，有针对性地对接下来的学习和工作做出调整。

活动目标

（1）开展市场调研和自身分析，聚焦创业项目。

（2）自行查找资料，根据创业计划书模板初步做一份自己的创业计划书。

（3）与小组成员讨论，论证可行性，进一步考虑更多要素，修改完善自己的创业计划书。

（4）通过模拟演练，修改完善创业计划书。

（5）感受创业的复杂性和需要预备的知识能力。

（6）思考要想在本行业创业，应该尽早在哪些方面做出努力、创造条件。

（7）对创业实现梦想有初步规划和设想。

活动导图

第一步：选择创业项目 → 第二步：市场调查分析 → 第三步：小组讨论分析 → 第四步：撰写创业计划书 → 第五步：总结记录报告

活动口诀

创业规划用心专，市场环境观倪端。
调研论证需用心，知己知彼多历炼。
天时地利考虑全，分析研判防风险。
真实投资需谨慎，方案认可凯歌传。

![活动实践图标] **活动实践**

（1）参加创业培训，查找创业资料，了解创业信息，做好前期的准备工作。

（2）开展市场调研和自我分析，聚焦创业项目。结合自身实际，建议先选择小而务实的校园创业项目，体验一下创业的流程，降低初步尝试的难度。如果确有师长帮忙，有自己思虑很久的面向社会的创业项目，也可以尝试规划一下。

图 4-43　前期准备

图 4-44　学生超市

图 4-45　学生快递服务站

（3）自行查找资料，根据创业计划书模板初步做一份自己的创业计划书。格式仅供参考，不必面面俱到，关键是将创业项目名称、参与人员、内容、市场分析、资源规划、管理设想、预期目标等思考清楚。

图 4-46　思考

图 4-47　思考实践

（4）向他人讲述，或参与小组成员讨论，看是否有考虑不周的地方。进一步论证可行性，进一步考虑更多要素，修改完善自己的创业计划书。

图4-48　讨论完善

图4-49　完善

（5）通过模拟演练和进一步地求教打磨，修改完善创业计划书，并制作成格式相对规范、内容相对完整的创业计划书。

图4-50　模拟演练

图4-51　模拟

活动提高

了解真正的创业规划的过程与要点。

一、选择创业项目

创业一定要选择国家政策鼓励和支持的项目，顺应节能、环保、安全等文明发展的趋势，同时选择前景广阔、能够持续发展的项目，这样成功的概率才能高。

二、市场调查分析

创业者选择好创业项目后，如果仅凭经验、凭阅历、凭兴趣开展经营活动，将难以获得成功。只有通过市场调研获得市场信息，才能做好市场销售。市场调研在创业阶段是非常重要的。市场调查分析的主要内容有：

1. 经营环境调查

所经营项目的国家政策法规信息对创业的影响分析。

所经营项目的行业发展状况、趋势、行业规则分析。

经营时的社会经济和老百姓购买力分析。

所在地区的人口状况和技术进步情况分析。

2. 产品情况调查

产品的用途分析。

产品的包装设计分析。

产品的价格分析和成本分析。

产品的使用寿命分析。

产品目前的消费情况分析。

3. 竞争对手调查

竞争对手的数量与规模分析。

竞争对手的分布和构成分析。

竞争对手的优缺点分析。

竞争对手的营销策略分析。

4. 顾客情况调查

产品的目标客户群分析。

顾客购买产品的需求分析。

顾客的年龄、性别、消费特点、消费标准分析。

顾客的数量和分布情况分析。

顾客对服务的需求和使用习惯分析。

三、撰写创业计划书

下面是一份创业计划书的模板框架：

创业计划书

（1）创业项目可行性概述

（2）创业市场调查分析

（3）资金、场地、货源说明

（4）企业人员分配及内部管理

（5）开业行动和促销

（6）经营策略

（7）投资盈亏预算和分析

（8）风险分析及风险防范

（9）企业成长与发展目标

四、创业计划书的作用

创业计划书对内是行动大纲，对外是吸引资金的敲门砖。创业是经过深思熟虑后的慎重抉择，美好的想法要变成切实可行的计划须经过充分论证。做创业计划能够帮助创业者理清思路，分析创业的关键环节，保持清晰的思路。比较完善的创业计划可以作为创业者的行动指南或行动大纲。

好的创业计划书可以吸引投资者的关注和投入。如果创业者有好的想法、技术、管理、市场等，但是在资金或个别环节缺少支持，可以将创业计划书提交能够给予相关赞助或支持的部门，借此获得需要的资源，最终成就梦想。

 活动测验

（1）清晰描述项目概况。

（2）合理论证市场环境和竞争因素。

（3）财务、人事、管理制度周全。

（4）有适当的风险防控预案。

（5）有较好的成长与发展前景。

活动评价

序号	任务内容	配分	任务评价		
			自评	互评	师评
1	清晰描述项目概况	20			
2	合理论证市场环境和竞争因素	20			
3	财务、人事、管理制度健全	20			
4	有适当的风险防控预案	20			
5	有较好的成长与发展前景	20			
6	合计	100			

注：评价按 A（18~20 分）、B（15~17 分）、C（11~13 分）、D（8~10 分）评分

活动 4 校园创业初步

活动名称

校园合伙服务他人

劳动安全卫生防护知识

（1）了解创业项目相关行业规定，在资质、运营规范、安全防护方面做好相应准备。

（2）了解学校对于创业项目的相关规定，合法合规。

（3）做好必要的防火、防盗、财产保护等安全预案。

活动描述

满足他人需求，创造服务价值，就会带来创业机会。校园内师生学习、生活中就存在着大量服务需求，无论有偿还是公益，都有重要意义。例如新颖别致、种类繁多、送货上门的文具、日用品和服饰，或者资料整理、专业查询、学习助理服务，或者代理手机办卡、做手机美容、生活美容美甲、冷饮茶社，或者代买、跑腿、打扫卫生、布置会场，再或者值班值宿、发通知做板报，等等。观察你身边的需求现象，研究一个服务项目，在帮助他人的同时，获取相应的合理报酬或无偿奉献。要了解相应的规定和运营规范，注意合法合规地开展服务。

活动目标

（1）结伴研究选择一个服务项目。

（2）确定活动方案。

（3）开展相应的服务活动。

（4）做好活动总结和反思。

（5）感受劳动创造收入、机会与价值的作用。

（6）增进对幸福生活的展望与梦想。

活动导图

| 第一步：
选择服务项目 | 第二步：
确定活动方案 | 第三步：
开展服务活动 | 第四步：
小组讨论分析 | 第五步：
总结记录报告 |

活动口诀

> 校园创业勇实践，知行合一做操练。
> 因地制宜找需求，服务师生结伙伴。
> 日用物品摆地摊，线上线下广宣传。
> 自强自立真情在，利己惠人达心愿。

活动实践

（1）结伴研究一个服务项目。根据学校具体情况以及专业特长或个人优势，观察师生需求，务实选择服务项目。要考虑人、财、物、进、销、存、竞争、财务、管理、退出等各方面因素。

图 4-52　美容美甲服务

图 4-53　瑜伽训练馆

（2）确定活动方案。量入为出，做自己能做的服务，要考虑到项目的持续性，不能与学习时间冲突，不能违反学校的规章制度，切实服务师生。

（3）开展相应的服务活动。安排好时间，做好相关的技能储备，小有挫折要有心理准备。

（4）做好活动总结和反思。

图 4-54　服装熨烫服务

 活动提高

进一步了解成功创业的经验。例如：

一、了解创业政策的途径

创业政策的发布是动态的，了解相关政策的渠道主要包括报刊、电视、网络等媒体，还有专家的讲座、创业计划大赛和学校相关部门提供信息平台等。网站主要包括人力资源和社会保障部门网站、专门的区域就业创业指导网站、人才交流网站、政府政策解读各学校网站等。各省市校还会有专门的毕业生就业

图 4-55　了解经验

工作会议。如果是青年创办企业可以去当地的人力资源和社会保障部门、工商管理部门等询问相关的创业扶持政策。当然，如果涉及的是科技产业，还可以去相应的科委或者创意园区，涉及的是农业还可以去农委等。许多政策是区域性的，有时候未必能及时在网络中发布，不同行业有各自的发布途径。

二、初次创业人员常用的市场调查方法

（1）亲自考察市场，去街道、集市、商场等场所去体会和观察。

（2）查阅行业资料，查阅报纸杂志、互联网、企业黄页、企业年鉴等相关内容。

（3）与行业专家或企业家交谈或向他们请教。

（4）参观行业展览会、新产品发布会，参加行业协会活动。

（5）与使用过同类产品的顾客交谈。

（6）听取亲朋好友对商业经营和行业的意见。

三、成立有限责任公司的流程

1. 企业名称核准

到工商局领取"企业（字号）名称预先核准申请表"，填写准备好的公司名称，由工商局上网检索是否有重名，如果没有重名就可以使用这个名称。给公司起名字是一

件很有学问的大事，既要与产品特点结合，又要让自己喜欢有寓意，还要使顾客认可，且不能与已有名称重复。想到一个名字后，可以上网查一查，可避免与他人同名。

2. 租房

如果你自己没有厂房或办公室，就必须通过市场考察，租下适合你创办企业的房子。租房后要签订租房合同，并让房东提供房产证的复印件。有些人会认为把公司办公地点设在居民楼里可以省钱，但是试想来办公或者面试的人到一个小区里爬楼梯敲门，在客厅或卧室里会面是什么感觉？因此建议可以考虑写字楼或者孵化器（高新技术创业服务中心）。孵化器里充满科技感的氛围，四周是活力四射的创业者，还有工作人员推荐会计咨询服务等帮助处理公司事务，环境是大不相同的。

3. 编写"公司章程"

可以在工商局网站下载"公司章程"样本，按自己企业的需要修改。章程的最后须由所有股东签名。

4. 刻私章

去刻章的地方刻一枚自己企业的法人私章。

5. 到会计师事务所领取银行询征函

联系一家会计师事务所，领取一张银行询征函。

6. 去银行开立公司验资户，办理验资报告

所有股东带上自己入股的那一部分钱到银行，同时携带公司章程、工商局发的核名通知、法定代表人的私章和身份证、用于验资的钱、空白询征函表格，到银行开立公司账户，开验资户。开立好公司账户后，每个股东按自己出资额向新开的公司财户中存入相应的钱，2014年3月1日之后新公司法开始实行，注册公司验资的钱可以任意缴纳甚至不交。银行会给每个股东出具缴款单，并在询征函上盖章。

7. 注册公司

到工商局领取公司设立登记的各种表格，包括设立登记申请表、股东（发起人）名单、董事经理监理情况、法定代表人登记表、指定代表或委托代理人登记表。填好后，连同核名通知、公司章程、租房合同、房产证复印件、验资报告等文件一起交给工商局，等待工商局通知领取营业执照。

8. 刻公章和财务章

凭营业执照，到公安局指定的刻章处，去刻企业公章、企业财务章。后面的步骤中，均需用到公章或财务章。

9. 办理企业组织机构代码证

凭营业执照到技术监督局办理组织机构代码证。技术监督局会首先发一个预先受

理代码证明文件，拿到这个文件就可以办理税务登记证、银行基本户开户手续了。

10. 去银行开基本户

凭营业执照、组织机构代码证，去银行开立基本账号，用来办理企业在经营活动中的往来账款。

11. 办理税务登记

领取执照后，30 日内到当地税务局申请领取税务登记证。

12. 申请领购发票

如果公司是进行商品销售的，应该到国税局去申请发票；如果是服务性质的，则应到地税局申领发票。

四、慎重做出创业选择

21 世纪是创新的时代，创业教育越来越受各国重视。我国的素质教育致力于培养学生的创新精神和实践能力，政府报告中一再提出要造就一大批创新人才，创业是促进就业的重要方式之一。在国家大力发展职业教育、鼓励中职生创业的大好时机下，我们可以试着将自己的梦想付诸实际。当创业机会窗口打开时，是否做出创业决定，则还要看创业时机是否成熟。如果下面的问题你都能用肯定回答，那么创业时机就成熟了。如果还不能，那就继续努力奋斗吧。

图 4-56　选择

（1）你是否具有一个振奋人心的愿景？即创业者自愿承担风险、乘风破浪驶向事业的目标远景。

（2）你是否具有强烈的创业雄心？

（3）你是否勇于承诺，愿意承担风险、吃苦耐劳？

（4）你是否看到一个具有潜力的市场机会？

（5）你是否能提出一个明确可行且能够结合市场机会的创业构想？

（6）你是否能制定出一个能够创造利润的创新经营模式？

（7）你是否拥有足以判断产业相关技术与产品发展的专业能力？

（8）你是否拥有足以经营管理一个新生企业发展的经验与能力？

（9）你是否拥有足以带领团队前进的领导与沟通能力？

（10）你是否拥有能够协助企业取得各项必要资源网络关系的能力？

五、中职生创业四个关键要素

1. 团队

独自创业的成功率较低，如果项目仅由创业者个人及亲属组成，则企业的发展与成就有限。调查显示，团队创业成功的概率要远远高于个人独自创业。即使是独自创业，也需要有顾问团队的支持。有经验的投资家，都会将评估创业项目的重点放在创业者与经营团队上。因为经营环境、市场机会都是不可预知的，唯有经营者的事业心、责任感、意志力、务实精神、道德品行是核心力量。

2. 资金

创业是风险投资，需要资金，无钱寸步难行。很多创业者在创业之前，没有正确看待创业资金的重要性，认为一开始投入就能盈利，能够弥补创业过程中的资金短缺问题。事实上没那么简单，很多时候一个创业项目在起步后的相当一段时间内是没有收入的，或者收入不会像预计得那么容易。因此，我们创业之前必须要有思想和资金上的准备，以备不时之需。不至于因为一时的资金问题让创业团队陷入尴尬境地。另一方面筹集创业资金并非越多越好。花自己的钱会倍加珍惜，筹集来的钱不经自己赚取会胆大妄为，钱多人胆大，胆大会增添创业风险，尤其是当钱不是自己的血汗积累时。初次创业者宜逐步渐进，"花大钱做大事"的创业心态，就像小孩玩大车的风险，着实令人担忧。资金也是有时间价值的，低效的占用就是资源的浪费。

3. 机会

创业点子主要有三个方面来源：

（1）改良现有产品与服务。关键要发掘潜在的顾客需求。

（2）追随新趋势潮流。如信息技术的发展带来了大量的创业机会。

（3）通过系统研究寻找创业机会。如分析产业与市场结构系统，在国有企业民营化与公共部门产业开放市场自由竞争的趋势中，从交通、电信、能源产业里发掘创业机会。

所有创业行为都来自绝佳的创业机会，以致创业者均对创业前景寄予极高的期望，满怀信心。不过几乎九成以上的创业梦想最后都落空。如果创业者能先以比较客观的方式对创业机会进行评估，那么创业成功的几率也可以因此而大幅度提升。所以创业者还应掌握评估创业机会的效益因素评估准则，它是目前评估创业机会的一种比较客观的方式。①合理的税后净利应在 15% 以上。②达到损益平衡所需的时间以两年内为佳。③有 25% 以上的投资回报率。④毛利率不低于 25%，理想的毛利率是 40%。⑤有投资者退出机制与策略。

4.计划

清晰的计划表明创业者创业行为的深思熟虑和负责态度。一份好的创业计划书，能清楚回答三个关键问题，即第一个问题是："我为何要创业？我的创业目标是什么？"第二个问题是："我要采取什么样的创业策略才能实现上述目标？如何显示这是一个好的创业策略？"第三个问题是："推动创业策略需要具备什么样的资源能力？我要如何获得这些资源能力？"

 活动测验

（1）说一说服务项目方案。
（2）项目筹备情况。
（3）服务项目开展情况。
（4）团队协作情况。
（5）师生反馈。
（6）活动总结与反思。

 活动评价

序号	任务内容	配分	任务评价		
			自评	互评	师评
1	服务项目方案	20			
2	项目筹备情况	20			
3	服务项目开展情况	20			
4	师生反馈	20			
5	活动总结与反思	20			
6	合计	100			

注：评价按 A（18~20 分）、B（15~17 分）、C（11~13 分）、D（8~10 分）评分

参 考 文 献

[1] 编写组 . 中国近现代史纲 [M]. 北京：高等教育出版社，2013.

[2] 新时代学习工作室 . 习近平谈劳动 [DB/OL]. 人民网 - 中国共产党新闻网，2019.

[3] 360 百科 . 世界读书日 [DB/OL].360 搜索，2018.6

后　记

随着我国新时代中国特色社会主义的进一步深入发展和政治、经济、社会的再次转型，特别是产业结构转型升级、制造业向中高端迈进、5G等新一代技术引领科技革命，要求职业教育必须与时俱进，我国的现代化建设更需要大量的、高素质的技术技能型人才。党的十九大以来，党和国家进一步重视职业教育，加大了对职业教育的扶植力度，习近平、李克强等党和国家领导人多次召开职业教育会议，多次调研职业教育和职业学校，更是颁布了一批如《国家职业教育改革实施方案》（国务院，2019年1月）等影响力巨大的文件，这些高屋建瓴性的政策、文件一定会对我国的职业教育起到极大的促进作用。

尤其是在全国人民在中国共产党的领导下努力实现中华民族伟大复兴的中国梦和英勇抗击新型冠状病毒取得阶段性成果的日子里，中共中央、国务院2020年3月颁布了《关于全面加强新时代大中小学劳动教育的意见》，首次把劳动教育作为人才培养的必需内容，其立意高远、意义巨大，也使得我们的教育目标第一次完整性概括为德智体美劳全面发展。

作为培养技能人才的职业院校，不仅要把劳动教育作为一门必修课，按要求开足开够，并且要加强与德智体美的融合、与各专业课程有机结合，以改善职业院校学生劳动的精神面貌，端正劳动价值取向和提高劳动技能水平。

"职教兴亡，匹夫有责"，为提高育人实效，为广大职业院校育人工作者提供一套内容丰富、事迹鲜活、一看就懂的教育教材，根据中共中央、国务院、人力资源和社会保障部、教育部等的文件精神和要求，作为尝试，我们组织全国各地的一些从事职业院校育人教育的一线老师与职教专家们，合力编写出版了这本任务驱动型教材。

本书采用任务驱动的模式，编写体例和内容组合与职业院校的一体化教学改革呼应一致。

唯有劳动才能创造美好生活，这是我们的出发点和立足点。本书以情景理论为支撑，通过师生"教学做"的方式，以学生自主学习、自我提高为主，达到真正牢固树立劳动最光荣、劳动最崇高、劳动最伟大、劳动最美丽的观念，倡导劳动精神、劳模精神、工匠精神，弘扬劳动光荣、技能宝贵、创造伟大的时代风尚的教育教学目标。

本书是图解版、任务驱动式、立体化教材，以任务为切入点，以学生为中心，以能力为本位，以动手实践为最重要的教育方式，辅以必要的理论性知识，打造一本培养学生树立牢固的职业道德和职业思想、养成良好的职业行为习惯和具有较高劳动技能水平的新教材。

本书为方便广大师生教与学以及根据自己院校的实际进行二次开发，本书还以二维码（动画）的形式呈现相关知识和技能。

本书为方便学生随时随地学习，在采用纸质端教材的基础上，再以云端和移动端的模式呈现。

本书可作为中等职业学校（含职业院校、职业高中等）学生劳动教育的学习教材，也可作为高职学生劳动教育的学习教材，还可作为辅导员、班主任、学生管理工作者、德育教育老师等开设自修课、活动课、实训课的工具书和参考书。

本书是作者们针对当前职业院校教育教学困惑与发展趋势的思考、应对所做的经验总结，但也借用了书籍、报刊、网络上的图文资料，借助了相关原创者的智慧，在此表示衷心感谢。

由于作者水平有限，编写过程中热情多于理性，加之时间仓促，本书肯定存在不少问题和不足，恳请广大师生和有关专家不吝赐教，以便再版时修正完善。

编者

2020 年 12 月

版权声明

根据《中华人民共和国著作权法》的有关规定，特发布如下声明：

1.本出版物刊登的所有内容（包括但不限于文字、二维码、版式设计等），未经本出版物作者书面授权，任何单位和个人不得以任何形式或任何手段使用。

2.本出版物在编写过程中引用了相关资料与网络资源，在此向原著作权人表示衷心的感谢！由于诸多因素没能一一联系到原作者，如涉及版权等问题，恳请相关权利人及时与我们联系，以便支付稿酬。（联系电话：010-60206144；邮箱：2033489814@qq.com）